聰明的玩

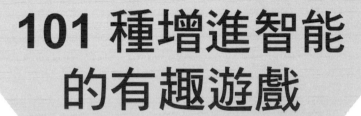

101 種增進智能的有趣遊戲

Barbara Sher 著

吳道愉 譯

Smart
PLAY

Smart

PLAY

101 Fun, Easy Games That Enhance Intelligence

Barbara Sher

作者簡介

Barbara Sher, M.A., O.T.R.

S her 在全世界為家長、教師、心理治療專家及兒童舉辦工作坊。她同時是以下書籍的作者：

☼ 自尊遊戲：300 個讓孩子對自我感到滿意的有趣遊戲

（*Self-esteem Games: 300 Fun Activities That Make Children Feel Good about Themselves*, Wiley）

☼ 心靈遊戲：300 個讓孩子放鬆與歡笑的有趣遊戲

（*Spirit Games: 300 Fun Activities That Bring Children Comfort and Joy*, Wiley）

☼ 利用平凡的事物進行不凡的遊戲

（*Extraordinary Play with Ordinary Things, Popular Games for Positive Play: Activities for Self-Awareness*）

☼ 受歡迎的正向遊戲：增進自我覺察的活動

（*Different Drummers-Same Song: 400 Inclusion Games That Promote Cognitive Skills*）

譯者簡介

吳道愉

 立政治大學心理學系、心理學研究所碩士,國立臺灣師範大學特殊教育研究所博士,現任廣東省嶺南師範學院特殊教育系副教授。

曾任國立彰化師範大學科學教育研究所博士後研究、嘉南藥理科技大學兼任講師、國立空中大學面授講師、心理出版社總編輯。

譯有《創造不凡的教師》、《教出資優孩子的秘訣》(臺北:心理出版社)。

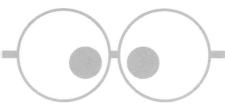

誌 謝

　　許多人總是會問我：「寫一本書要花多久的時間？」我的回答是：「每一本書大概需要一年的時間寫作，但是需要花費三十年的時間蒐集素材。」

　　如果我希望做更準確的說明，我可能會說六十年，因為具備寫一本書的自信需要來自家庭成員的愛與無條件的支持；它也需要來自親愛朋友的鼓勵，來自學校教師與國內、國際間舉辦工作坊參與者的熱誠回應。特別是從我的重要教師──和我一起參與所有遊戲的兒童那兒學到的一件事：他們具有最嚴厲卻又真誠的回應，讓我知道哪些遊戲是有用的，哪些遊戲則是沒有作用；他們可能會興奮的回應或者可能轉頭離去。在這本書中的遊戲皆經過實地的測試，也只有那些最成功有效的遊戲才能進入這本書中。

　　我的作品也常受到我那些令人驚奇的女兒們所激發產生。她們曾經在國際性工作坊中擔任創意活動的助手，她們也是我作品的第一位讀者、我的遊戲參與者、我的情感支柱，以及我的好朋友。我總是非常感謝 Marissa、Roxanne 和 Jessica 她們三人的出現（以及上天送給我這份禮物）。對我最親愛的朋友 Jenny Slack 來說，她在我重新撰寫這些內容時，給我許多的愛與清晰的想法。而我的好伙伴與同事 Patty Staal 則熱誠地與我在學校中共同進行這些遊戲，我也要在此獻上我的感謝。

當然，寫書是一件事，讓讀者接觸到它則是另一件事。正因為如此，我很感謝我的經紀人 Judi Schuler，她能夠很快地回覆我的電子郵件同時完成了我的要求。我也要給我前一任編輯 Carole Hall 一個大大的感謝，她曾讚美我就像一個「新奇想法永不枯竭的鑽石礦脈」。我也同樣感謝現任編輯 Kate Bradford，她有敏銳的編輯眼光，同時也與自己的孩子進行這些遊戲。我也滿心感謝繪製出令人愉悅圖片的 Ralph Butler，他精準地繪出我想表現的意念。對於在 John Wiley & Sons 出版社任職的工作同仁，特別是將手寫稿轉變成為一本書的 John Simko，也是我要感激的對象。

最重要的，我希望向你——我親愛的讀者表達謝意，因為你採納了我的想法並將它運用在你所關心的孩子身上。就是這樣的一個動作，接納了我灌注於文字中的愛，同時讓它散布到世界各個角落。感謝你，除了感謝之外，仍是感謝。

介　紹

　　透過身體學到的能力將永遠伴隨著我們。我們不會因為閱讀如何騎腳踏車或打乒乓球的手冊而學會這些技能，我們是透過身體來學習，一旦我們的身體學會了某項技能，就永遠不會遺忘它。

　　相同的身體智能也可以運用在協助孩子學習其心智能力。兒童藉著在 Mother-May-I 遊戲中向前跳五次的方式，會比看五隻兔子的照片更能在內心意識到 5 所代表的意義。

　　運用手指排出字母 A 的遊戲，會比只讓兒童看如何寫出這個字母時，更快記得字母的形狀。

　　表演「長運動褲」（sweatpants）與「蜻蜓」（dragonfly）這兩個複合字讓其他人猜的兒童，將永遠不會忘記什麼是複合字。

　　兒童運用自己的肢體作為學習過程中的一部分，能夠激發並促進學習。他們同時也能增進身體的協調性，並且學習適當地運用肢體是重要的，因為一個人選擇爬山，或者完成最後一個舞步，或者僅僅是在路上行走，皆會表現出自己的風格與氣質。

　　為了推廣運用律動與歡笑作為增進認知與肢體動作學習的方式，我曾在許多不同的場所舉辦過工作坊，例如柬埔寨的孤兒院、紐西蘭的大學，以及像是尼加拉瓜與密克羅尼西亞等地的學校。我讓保育員、家長、教師，以及兒童親眼見到如何以有趣的方式來增進他們的智能。

我有兩個如此看重歡笑的理由：

1. 研究顯示：在緊張的情境下學習任何事物，常常會與不愉快的記憶一起遺忘。

2. 歡笑的元素能夠提振我們的士氣，同時伴隨著幸福的感受而開啟我們的心智與情感。在我先前寫過的一本書《心靈遊戲》（*Spirit Games*）中，我介紹了許多令人歡笑的遊戲，它能協助兒童渡過低潮、尋求心靈平衡，以便問題能輕易解決。

以遊戲的方式學習認知與肢體動作技巧也有同樣的功效。當我們有一個正向的心靈，我們便會專注於當下；在這樣接納的情況下，我們將以最開放的心態面對新的經驗與知識。

身為家長的我們是兒童的第一位教師。我們希望他們是聰明的，我們希望他們能自我悅納，我們希望能夠做一些對他們有益的事，同時也希望他們能與我們一同歡笑。

進行《聰明的玩》這本書中的遊戲，你將擁有這一切。

對年齡層的說明

有時要說出「哪一個年齡的兒童將會在哪一種遊戲中表現得最好？」這樣的話語是困難的。有一些兒童在身體協調性上的發展是落後的，但在運用雙手與／或心智能力上，則有不凡的掌控度；另一些兒童可能不喜歡坐下來集中精神，卻可能有不可思議的肌肉協調性。每一位孩子都是獨特的。

想要了解哪一種遊戲最適合你的孩子，最好的方式便是讓他們嘗試看看；他們表現出來的熱情或興趣缺缺的模樣，將會讓你知道哪一種遊戲是適合的。就像我常這麼做的，你也許會發現那些我認為「年紀太大」的兒童，

會對較小年齡兒童玩的遊戲感興趣，同時成為熱情的參與者。我喜歡這樣的情況，因為他們可以成為年幼兒童的良好楷模。為了符合這本書的目標，我已提供一般的年齡準則如下，但是你仍可以視情況作出最好的決定。

❤ 適合 6 歲及 6 歲以下兒童的遊戲

這些遊戲最適於提供給學前／幼兒園的孩童進行。這些遊戲大多適用於 2 歲大的兒童，而某些 6 歲大的兒童則需要進行較高難度的版本。

❤ 適合 6 歲及 6 歲以上兒童的遊戲

這些遊戲提供較多的語文指令，同時需要較多的肢體技能與大量的概念理解能力。

❤ 適合所有年齡的遊戲

這些遊戲有較多的變化形式可用，因此不同年齡與能力的手足、同儕和成年人皆可共同進行這些遊戲。

如何聯絡作者

我曾在世界各地舉辦過工作坊，而參與者（教師、助理教師、家長、治療師，以及兒童）皆透過遊戲進行學習。他們對於進行《自尊遊戲》、《心靈遊戲》、《聰明的玩》，以及其他類型的遊戲均有親身的體驗，也能在家庭或融合班級的情境中進行這些遊戲。他們也知道如何設計屬於自己的遊戲，以及由當地特有及回收的材料製作教育性的玩具。

如果你對我舉辦的工作坊有興趣，或希望我提供諮詢服務，只需將電子郵件寄到 momsense@asis.com 給我即可。

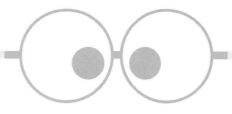

譯者序

這是一本有趣的書,非常適合親子一起閱讀、共同遊戲。

我認為它有趣,並不僅限於列在目錄上、存在於書中的那 101 個遊戲而已。事實上,這本書中的某些遊戲,可能是你早就熟知的一些小把戲。

然而,原作者在書上的每一個遊戲中,以範例的方式列出了關於這個遊戲的可能變化形式。這樣的作法讓這本書不再只是如手冊一般的遊戲書——你只能看到這 101 種小遊戲而已;「變化的形式」讓這本書成為帶有啟發意味的創意書。你可以透過這些「變化的形式」思考進行遊戲時的多種可能。與此同時,和你共同遊戲的參與者,也能夠體會到這一小小的創意、小小的改變所引發出變化多端、無窮無盡的樂趣。

這也正是我想翻譯這本書、將它引介給國內讀者的原因。

然而,在翻譯的過程中,也不可避免地面臨一些兩難的問題。

首先便是以英文作為遊戲媒介內容(主要是本書第二部分)的取捨;在這個篇章所利用的遊戲,全部都是以英文(字母)作例子,這樣的內容譯成中文,對讀者們(特別是想將這本書當作遊戲大全的讀者)有什麼幫助呢?會不會對讀者來說,這一整篇的遊戲都是無法運用的?

考量現階段英文教育的普及,以及本書的寫作精神(請參見原作者之「誌謝」及「介紹」內容),我決定原原本本的保留這些以英文為主的

遊戲。因為我相信在這些遊戲中的精髓——鼓勵並啟發創意，運用所有的可能學習，仍能啟發我們這些「外國人」發揮創意，運用不同的媒介（中文）來達成增進口語—語文技能的目的。

此外，書中所用的一些長度單位（如英寸），已改為本地習用的單位（如公分），以方便讀者參考。

翻譯是一項困難的工作；每個人都知道翻譯的目標是「信、達、雅」，可是在某些具有特殊的押韻、俗語或雙關語方面，經過翻譯便可能失去了原味。例如有一則遊戲的原文是「You can with cans」，但譯成中文「你可以運用罐子」後，就失去原先英文中的韻味。這可能也是譯者需再加磨練之處。

最後我想說的是：感謝 Sher 女士寫作了這本有趣的書，感謝心理出版社林敬堯總編輯協助取得翻譯版權，並由傑出的資深編輯陳文玲小姐協助編輯工作；由於她與校對人員的用心，指出了一些我忽略的地方，讓這本譯作的文字更容易閱讀。

我相信任何閱讀過這本書的人，都會同意它是一本有趣的書；而這一點也值得你開始創造出屬於自己的「101 種增進智能的有趣遊戲」。

吳道愉

目 錄

PART · 1
增進視覺—空間技能的遊戲 (001)

PART · 2
增進口語─語文技能的遊戲　045

6 歲及 6 歲以下兒童的遊戲

6 歲及 6 歲以上兒童的遊戲

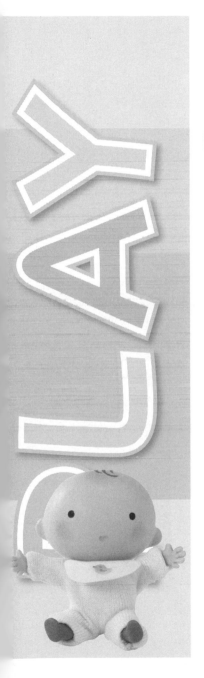

適合所有年齡的遊戲

PART · 3
增進數學技能的遊戲 077

6 歲及 6 歲以下兒童的遊戲

6 歲及 6 歲以上兒童的遊戲

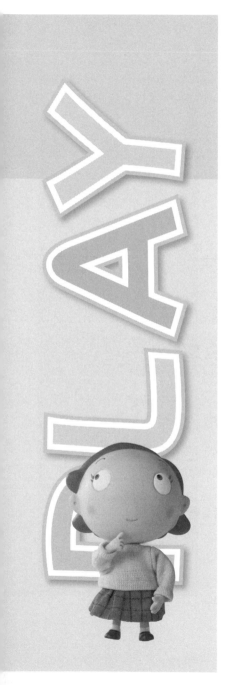

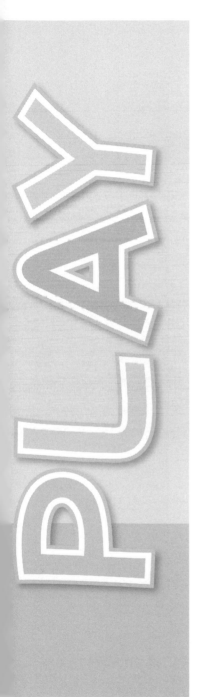

PART · 5
增進人際技能的遊戲 153

Smart PLAY

PART · 1

增進視覺─空間
技能的遊戲

　　視覺─空間技能包括了我們利用眼睛所能看到外界的形狀、形象、模
式、設計、顏色與質地的理解，以及內在存於大腦中的想像。空間的覺知
（awareness）包括個人身體在空間中與某一物體之定向，以及這個物體與其
他物體的關係。在此項技能上具優勢的兒童，可以在拼圖活動、閱讀地圖，
以及在陌生的地點找到方向等活動上表現優異。他們傾向以圖畫與影像的方
式思考。他們對於顏色之間的搭配以及令人愉悅的材質有自己的見解，他們
喜愛視覺化的、形象化的活動，同時會「利用心之眼來看事情」。

　　這個部分納入的遊戲由最基本的開始：在我們的世界中，什麼是顏色、
形狀、大小？這些訊息由許多方式呈現出來，例如顏色的配對、跳形狀、尋
找特定大小罐子下的獎品。

　　這些開始的遊戲既能協助兒童理解圍繞在他們週遭的事物，也能協助他
們理解這些事物彼此之間的關係。在某些遊戲中，這類理解需要利用到全
身，好比在一個遊戲中，兒童假裝自己是到處跑而不能相撞的車子；在其他
的遊戲中，他們則用心靈構思地圖與拼圖。

　　最後，這些遊戲協助兒童練習，將無法用眼睛看到的事物予以視覺化之
藝術，例如星星與他們內在的器官！

6 歲及 6 歲以下兒童的遊戲

一或兩人參與

我專屬的色彩書

這是為胡亂塗鴉者所設計的遊戲。即便孩子只是在藝術發展時期中的塗鴉期，他仍能製作自己專屬的書籍！這個遊戲展示出他們的製作過程，同時也能夠帶給你樂趣。一起坐下並安靜的塗鴉本身就是一個愛心時段的聯結。而後，當你們有許多共同「閱讀」作品的時間，這種時刻的樂趣又會增加數倍。

材料

✿ 紙
✿ 蠟筆、麥克筆、彩色鉛筆或其他能作畫的工具
✿ 緞帶、線或塑膠繩

遊戲進行步驟

拿一張白紙，愈厚重愈好，再一起用同一種顏色的作畫工具在整張紙上塗鴉。然後，拿另一張紙，用另一種顏色作畫。你可以使用蠟筆、麥克筆、彩色鉛筆、水彩、粉蠟筆、粉筆或任何能夠吸引你的工具。

在你完成每一種顏色的彩頁後，在紙張的邊緣用打洞器打出幾個裝訂用的小洞，再用緞帶、線或塑膠繩將所有的彩頁綁在一起。

與孩子一同閱讀這本書並談論其中的色彩：「這頁是我們的藍色頁，有一些淺藍色在這兒，它讓我想到晴天的天空。這個深藍色看起

來像是我牛仔褲的顏色。在這個房間中還有哪些藍色？你說對了，我的指甲油顏色正是藍色。」

📯 在這個遊戲中學到了什麼？

兒童在這個遊戲中學到了顏色的名稱和每一種顏色的變化。他們正在學習自己可以製作一本書。他們也學習到共同的作者是如此地愛他們，所以會與他們共同製作與閱讀一本書。

追蹤顏色

二或多人參與

我從一位蒙特梭利教師那兒學到這個遊戲，她將這個遊戲當作戶外遊戲時間的一部分。她喜歡這個遊戲是因為它在讓兒童意識到顏色及週遭世界時，也同時讓兒童多餘的能量散發出來。讓她最感興趣的是，兒童在選擇目標時所看到的差異。一個對自然著迷的兒童聽到綠色時，跑去觸摸花朵新發芽的葉子。另一位人際取向的兒童則是追在一名穿著綠色夾克兒童的後面。

🤖 材料

☼ 無

遊戲進行步驟

當你及孩子在戶外時，叫出一種顏色的名稱，同時讓所有人散開跑到有這種顏色的物體邊。例如：喊出「黃色」並注意看誰跑到何處去找到什麼東西。同時在遊戲中加入樂趣與跑步的元素。考慮將此遊戲當作你當天的運動，這同時也是一個相當好的、避開在體育館使用

跑步機的好理由。

　　重複相同的顏色多次，例如你可以說：「還有什麼東西是黃色的？」同時讓兒童追蹤並探索，直到他們發現好比隱藏在綠草地中的黃色植物。

變化的形式

✿ 走一趟「紫色的漫步」。當你走在街上，尋找任何一個紫色的事物。下一次，則選擇不一樣的顏色作為標的。

✧ 如果沒有人想出去走走，則以「我偵測到某顏色」的遊戲代替。其中一個參與者說：「我偵測到＿＿＿＿色」來稱呼他所看到室內或戶外的目標物。然後其他的參與者試著猜出目標物是什麼。當目標物被猜出，則由其他參與者輪流擔任偵測顏色的工作。

✧ 如果是尚不認識顏色的幼童，先向他們展示顏色的範例。「看到你衣服上的藍色嗎？去找出與這個顏色相似的物品來。」

 ## 在這個遊戲中學到了什麼？

　　這是一個學習顏色的遊戲，但是它同時也能增進兒童對週遭事物──他們日常生活環境──的覺察。

　　區分紅色與藍色的差別或是咖啡色與綠色的差別，其實也就是學習覺察──特別是事物之間的差異性與相似性。不論他們是否觀察到紅色與藍色之間的差別，或是注意到藍色與藍綠色之間的差別，兒童意識的覺察能力便在這個過程中變得更敏銳。

彩色點點

二或多人
參與

　　這裡有一個有趣的方式來教兒童顏色，因為在學習顏色時孩子會跳向這些顏色。我發現兒童有一個離開座位的藉口時會非常高興，而且當兒童在教室內跳來跳去也能學習時，教師與家長會非常地快樂。

材料

✧ 有顏色的書面紙
✧ 可選擇採用的材料：紙板、標籤牌子、防滑墊、黏膠

🖊 遊戲進行步驟

　　要進行這個遊戲，你必須要製作一些顏色的點。最簡單的方式是從不同顏色的書面紙上剪下至少直徑為 15 公分的圓點。

　　如果你希望獲得一名這個遊戲的愛好者，而且希望這些圓點不是只用一次，你可以將這些圓點用黏膠貼在紙板或標籤牌上。

　　如果你希望這些圓點能夠保存得夠久，而且不會在跳動的過程中滑動，可至五金店或是賣場的廚房用具部門買一些防滑墊，將防滑墊剪成與圓點相同的大小並貼在圓點的底部。如果你在地毯上玩這個遊戲，沙紙也同樣具有止滑的功效（但是不要在木質地板上使用，以免刮傷地板）。

　　如果你不想動手剪成圓點，僅僅使用有顏色的紙也同樣可行。

　　你至少要製作六種不同顏色的圓點，再隨意放在地板上。

　　首先，告訴參與者由一個圓點跳到另一個圓點之上。

　　接著，告訴參與者跳到一個你喊出顏色的圓點上。從紅色圓點跳到藍色圓點可能比較容易，但是由紅色圓點跳到綠色圓點時，可能就比較有趣了。或者你也可以讓參與者輪流做指定顏色的角色。

✈ 變化的形式

✿ **從椅子到圓點**：參與者拿著一疊有顏色的圓點站在椅子上，將這疊圓點拋在地板上，再說出他希望跳到的顏色點上面。

✿ **從圓點到圓點**：採用這個方式，你必須要製作好幾套的顏色點，才能使相同的顏色點有好幾個。將所有的顏色點隨機置於地上，讓參與者跳過所有相同的顏色點。某些跳躍可能比較容易，因為相同顏色的圓點比較接近。其他的跳躍可能會因為距離較遠而更有挑戰性，必須讓參與者「用盡所有能耐」去完成它。確定參與者了解：

跳到特定的顏色上並不是最重要的事——「願意嘗試」才是最重要
的。

　　你也可以在參與者從一個顏色點跳到另一個顏色點時採取一些變
化的方式。使用一些不同的指令，例如：

☆ 跳到所有的紅色點上。

☆ 跳到所有橘色點旁邊的顏色點上。

☆ 跳越過所有的藍色點。

☆ 向後跳到所有的紫色點上。

☆ 單足跳到所有的綠色點上。

☆ 快速旋轉同時跳到所有的黃色點上。

☆ 依下列次序跳躍：紅色、藍色、黃色、綠色。

☆ 每次跳到紅色圓點時，在紅色點上跳二下；每次跳到綠色圓點時，
　 在綠色點上跳三下。

☆ **從小沙包**（beanbag；直譯為豆袋）**到圓點**：將顏色圓點隨機放在
　 地板上。在地上作一個記號顯示參與者站立的地方。給參與者一個
　 小沙包，當你說出一種顏色時，讓參與者將小沙包投向那種顏色的
　 圓點。

　　如果你的參與者年紀非常小，多做一套備用的顏色點並拿在手上
說：將小沙包丟向與我手上顏色相同的圓點。

在這個遊戲中學到了什麼？

　　這當然是一個學習顏色的遊戲，然而因為它牽涉到精細的動作，
這個遊戲同時也促進個體了解跳躍到較長或較短距離時所需的力量。
而且因為它牽涉到跳躍這個動作，也同時增進了體能的強度。

　　如果你的子女參與了從椅子跳躍的變化形式，那也同時增強了他
的平衡感。

如果一位孩童參與了朝顏色點丟小沙包的變化形式，他也同時學到了眼手協調的能力。

一或二人
參與

將我配對

我曾經教我的朋友 Lara 這個簡單的遊戲及它的變化形式。她最近剛生完小寶寶，而且與她三歲的女兒（Lia）相處上有一些困難。起初 Lia 是喜歡這個新弟弟的，後來因為媽媽將太多的注意力放在弟弟身上於是不那麼喜歡他了。Lia 開始表現暴躁不安與倔強反抗的行為。

有一天她們母女坐在一起共同進行這個遊戲。她們花不到一個小時便結束這個遊戲，然後 Lara 告訴我 Lia 一整天的情緒都相當好。這個遊戲及它的變化形式成為她們可以共同進行的一件事——而弟弟則無法參與！你和你的寶貝共同坐在一起，在這段期間全心地陪伴她，同時花時間進行遊戲以便讓她了解她對你是多麼地重要。

你可單獨地與孩子進行這個遊戲，或是邀請其他人參與。例如有時來拜訪的親戚想要與孩子親近卻不知如何進行時。這個遊戲及它的變化形式能夠協助建立這種聯結的經驗。

如果你與孩子共同製作需要的材料，或是年長的手足與弟妹共同進行這個遊戲，它的樂趣將更多樣化。

材料

✿ 紙或索引卡片
✿ 簽字筆或蠟筆
✿ 可選擇採用的材料：有顏色的書面紙、剪刀

遊戲進行步驟

利用小紙片或索引卡製作一組包括紅色、藍色、綠色、黃色、黑色與白色相互配對的卡片。讓你的孩子利用簽字筆或蠟筆協助製作這些卡片——將整張卡片塗滿顏色。

你也可以將有顏色的書面紙剪成方形卡片使用。

然後便可進行「學校遊戲」。你假裝自己是學校老師而孩子則是學生。在開始時，只放兩種顏色，例如紅色與藍色的卡片在桌子上。給你的學生一張配對的卡片並說：「將藍色卡片放在另一張藍色卡片上」或「將藍色放在藍色上」。下一回合加入另一種顏色，讓學生必須從三種不同的顏色中找到配對的顏色。持續加入新的顏色直到所有的顏色同時呈現，而學生則必須從六種或六種以上的顏色找出配對的卡片。

記得要輪流。有時讓她當老師並拿卡片給你。如果她對這個遊戲不熟，你可以每一次都當學生讓她模仿如何將顏色配對。非常重要的是不要將這個遊戲營造成考試的情境。如果你的學生做錯了，只要簡單的告知正確的卡片即可。「好吧，你將紅色放在綠色上面，讓我們一起檢查並找出另一個紅色。是這個嗎？不，它是黃色的。你認為這個是嗎？」

變化的形式

對年幼的孩子來說，這種配對遊戲的變化形式幾乎沒有什麼限制。

✿將完全相同的麥片紙盒或餅乾紙盒配對。

✿將例如梳子、湯匙、鉛筆等一般用品的黑色輪廓剪影與真正的物品配對。

✿ 將形狀而非顏色配對。剪下同一顏色配對的形狀，例如圓形、正方形、三角形、矩形，以及十字形。

✿ 將物品的材質配對，例如可用 2 個棉花球、2 張蠟紙、2 張沙紙、2 根通心麵條、2 張玻璃紙、2 條橡皮筋、2 塊海綿、2 塊布料、2 個硬幣、2 根吸管……等物品配對。

✿ 將文字配對。開始時可由家中成員的名字著手，其後則擴展到一般的物品或動作。

✿ 你可藉由自己製作的嗅覺卡將味道配對：使用一種氣味如肉桂或丁香粉、香水或精油，同時混合一種材質如沙子、鹽或小亮片。將卡片塗上膠水，將混有不同氣味的材質倒在紙上並讓它乾燥。除去多餘的材質後，讓參與者磨擦或刮一刮每一張嗅覺卡，並找出正確配對的卡片。

在這個遊戲中學到了什麼？

知道哪些物品相同而哪些物品不同是區辨能力的基礎，而區辨能力可以在一生中協助我們注意到某些細節。我們可能藉由注意到顏色的差別或者字母 B 與字母 P 的差異開始。然後，在整個生命歷程中，我們持續注意到更多細節上的差異：如何分辨烏鴉與渡鴉（raven）；如何區別安妮皇后與路易四世的職位。與你的孩子進行配對遊戲是增強他一輩子的覺知能力。

團體
活動

每個人都贏的賓果遊戲

一般的賓果遊戲對孩子來說太難過了。當緊張的氣氛形成，而他們希望自己的卡片能第一個填滿時，卻聽到他人喊「賓果」！我知

道，這就是生命；有些時候你贏而其他時間則是其他人贏。

　　然而，如果每個人都能贏不是更好嗎？在這個
為孩子設計的遊戲版本中，每個人都能贏。

🤖 材料

✿ 紙板、筆、鈕扣或其他
　標記物

✏️ 遊戲進行步驟

　　在紙板上面寫下 1 到
10 或 10 到 20 的數字製作賓
果卡，所有的卡片應有相同的數
字在上面，但是有不同的次序。
發給每位參與者一張賓果遊戲卡與
一些標記物如鈕扣、剪下的紙片、錢
幣、貝殼或花生殼。

　　如果你使用印刷的賓果遊戲卡，也可以使用「真正」賓果遊戲競
賽選手使用的標記物（一種沒有味道的、上半部以海綿製作的標記
物，通常可在販賣兒童畫畫材料的店購得）。

　　當你以隨機的順序喊出每一個數目字後，讓參與者在自己的賓果
遊戲卡上找出那個數字並以標記物蓋在上面。

　　當所有的數字皆被標記物蓋起來後，走到每一位參與者的身旁並
說：「找到 1 了嗎？是的。找到 2 了嗎？是的。讓我看看你是不是也
找到 3 了？喔！是的，你找到了！」依此類推。當你核對過所有的數
字後說：「這是一張賓果卡！他也完成了！」

　　相信我，兒童一點也不在乎是否所有人都贏了！

 **變化的形式**

你可以藉著這個遊戲讓幼小的心靈學習到許多事。

利用那些你希望小朋友加強學習的標的,如顏色、形狀、字母、簡單的生字、人的名字、動物的圖片等等,製作賓果遊戲卡。

除了使用鈕扣或其他物品當作標記物之外,你也可以使用與賓果遊戲卡上面相同的圖片或是紙張上的文字作為標記物。

在這個遊戲中學到了什麼?

兒童正在學習將卡片上的數字、顏色、形狀或其他任何特徵的辨別與配對能力。

他們同時也經驗到:在他與週遭其他人做好自己的工作時,令人愉悅的感覺亦將隨之而來。

麥片盒子拼圖

一或兩人參與

麥片紙盒是由相當好的厚卡紙製成,將它們丟到垃圾桶中似乎是一件浪費的事。這裡有一個方法可同時讓你為孩子製作一個簡便的拼圖並回收它(餅乾紙盒一樣適用)。

 材料

☼ 麥片紙盒
☼ 剪刀

遊戲進行步驟

將麥片紙盒的前後盒面剪下。依你孩子的能力水準,將這兩張盒

面剪成二張或多張的紙片。如果是年紀較小的孩童，將盒子正面剪成
兩片並在他面前教他如何重新將兩張紙片組合成一完整的圖片。然後
讓他自己嘗試完成整個拼圖。其次則將盒子背面依對角線剪開成兩張
紙片，你便得到兩張三角形的圖樣。

　　讓你的孩子玩這些拼圖直到他熟悉拼圖的概念並能很容易地完成
整個拼圖。然後將四張紙片全都交給他，讓他將正確的圖拼出來。

　　如果是較年長的孩子，可以將一張正面剪成四
片使用。

　　當你的孩子準備接受更難的挑戰時，
將紙片剪成抽象的形狀而非簡單的正
方形、三角形或矩形。如果孩子
在進行這類較有難度的拼圖
時需要協助，你可以將
拼圖放在紙上並描
出每一張紙片的外
部輪廓，以便他能
更清楚的辨識出形
狀。

　　如果你希望重複使用
這個拼圖，放在牛皮紙袋中
可讓它完整地保存。如果
你有另一個相同的麥片紙
盒，將它的正面與背面剪
下來並貼在牛皮紙袋上，
以便孩子可一眼看出這是
哪一個拼圖。

Smart PLAY

✈ 變化的形式

- ✿ 你可藉由將紙張撕開而快速地製作出拼圖（思考：當你與焦躁不安的孩子一起困在候診室時）。

- ✿ 你可將一張雜誌的照片貼在卡紙上而製作出一個更有吸引力（與更無商業外貌）的拼圖。從類似《國家地理雜誌》之類的雜誌上可找到不錯的照片。

🎺 在這個遊戲中學到了什麼？

當孩子進行拼圖時，他必須對形狀有強烈的知覺，同時也需要知道欠缺的那一片拼圖如何將空白填滿。拼圖同時也能鼓勵孩子去注意相似性，例如某一塊圖片上的紅色或是顯著的線條與另一片的某些特徵相配。

一或兩人
參與

為瓶蓋找同伴

兒童第一次意識到某些東西較大、較小或相同大小的概念是來自於嘗試錯誤。

當你看到年幼的兒童試著套上一系列的杯子，就像測量每一個杯子是否比下一個稍大時，你便注意到他們無法立刻知道某些杯子較大，無論花多少力氣仍無法套入另一個較小的杯子中。當蠻力無效時，他們實驗並發現小杯子可套入大杯子中，而大杯子卻無法進入小杯子！

有時只要說：「試試別的方法」，便可讓他們跨越挫折而發現適當的方式。

材料

✿ 大小不同的、乾淨的、有蓋子的罐子

遊戲進行步驟

　　將許多罐子及其蓋子放在參與者面前。將所有的蓋子取下並將它們混合在一起。

　　然後向你的孩子提出挑戰，讓他找出每一個罐子的正確蓋子。

　　若有年紀較小的孩子，你可能得從 2 個罐子與 2 個蓋子開始。

在這個遊戲中學到了什麼？

　　「瓶蓋配對」以一個非常直接的方式讓孩子知道哪一種大小的蓋子與罐子是相配的。如果他們錯了，蓋子便無法蓋上！

嘉年華會遊戲

一或兩人
參與

　　有一個舊式的嘉年華會賭博遊戲（你可能知道它）——將某件物品藏在三個罐子其中的一個，然後快速地移動這些罐子以混亂你的視線。你必須猜出哪一個是藏東西的罐子。

　　這是和上面所述相同的遊戲，除了藏在其中的是對物品大小的認識，注意到某些物品比其他物品大而且小於另一些物品。

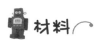

材料

✿ 三個大小不同的、乾淨的空罐子，以及沒有標示的小物品，例如水果口味的點心。

遊戲進行步驟

將三個大小不同的空罐子倒置於桌上。

將一個小物件放在其中的一個罐子中。像水果口味的點心之類的食物是不錯的選擇，因為當孩子猜對時可以吃掉它當作獎勵。如果你的孩子已過了將每樣東西都往嘴裡放的階段，你可以使用貝殼或彈珠之類便於他答對後可以收藏的東西。

在你的參與者面前指出獎品放在大、中或小的罐子中。然後混合三個罐子看看他是否能注意到大的罐子在哪並指出來。他答對了嗎？他可以得到水果口味點心的招待及／或讚賞，以及再一次嘗試的機會。答錯了？一起看一看中型罐子的下面。「不，不在中型罐子這兒。」然後再看小型的罐子。「不，不在小罐子中。」現在來看看最大的罐子。「是的，它在這裡！它就在大型罐子的下面！」

變化的形式

試著將物品藏在不同形狀或顏色的容器中。你可以用不同顏色的紙將相同大小的容器包起來做出不同顏色的容器。

在這個遊戲中學到了什麼？

注意到物品大小的差異並非天生的。它是我們由經驗中獲得的訊息。這是一個讓孩子思考大小差異的有趣方式。

對小朋友來說，可能需要較長的時間才能看出大小的差異或理解大、中、小的概念。你或許希望試著用對孩子較為熟悉的語言，例如像爸爸一樣大的罐子，像媽媽一樣大的罐子，以及像寶寶一樣大的罐子。

滿滿的豆子

當你的孩子還小而你卻非常需要花時間處理事情時（像是洗餐具！），這是一個非常棒的遊戲。只需記得在下次購物時將五袋豆子加入你的購物清單中即可。你可利用它們讓小傢伙有事可做，同時學到關於大小的概念。

🤖 材料

☼ 一個大的、乾淨的塑膠盆

☼ 5 袋乾豆子

☼ 不會打破的、大小不同的杯子

☼ 選擇採用的材料：寶特瓶

✏️ 遊戲進行步驟

找一個乾淨的塑膠盆，或許是舊的嬰兒浴盆或洗餐具的盆子，倒入一些乾豆子。如果你使用不同種類的豆子，你會看到更五彩繽紛的組合。如果你的孩子喜歡將小東西放到鼻子或耳朵中，你會希望用大一些的豆子，例如大的利馬豆（lima beans），或在他進行遊戲時坐著陪他，在需要時提醒他「這些豆子是倒入塑膠盆進行遊戲的。我們不會將它們放入鼻子中。那樣會弄傷我們。」（當孩子們將豆子推到不同的孔洞中，他們不會變「壞」，他們成為探索各種可能性的小科學家。我們的責任便是向他們解釋這一類實驗所代表的意義！）

提供一些不會打破的、大小不同的杯子。

在塑膠盆上方握住杯子，開始時先做給參與者看如何從小杯子將豆子倒入大杯子中，同時讓他注意在大杯子裝滿前，小杯子中的豆子

倒過幾次。再來則演練給他看的是，將大杯子的豆子倒入小杯子時，多餘的豆子會滿出來。

進行猜謎遊戲：哪個杯子可以裝較多的豆子？是瘦高的杯子或矮胖的杯子？

你可以用一個大的漏斗以增加趣味性，或者你可以將寶特瓶從中橫切成兩半；寶特瓶的下半部可以做杯子，而上半部便可成為漏斗。

當你清潔餐具時讓孩子自己進行實驗，即使只讓豆子從指間滑過而不需要任何目的，都能讓孩子獲得樂趣。

✈ 變化的形式

☼ 我知道有一間幼稚園使用野鳥飼料進行這個遊戲，最後將飼料掃到
戶外地上讓野鳥享用。

☼ 你也可以將一些寶藏（例如冰箱上的磁鐵、花生之類的堅果）埋藏
在豆子中，讓孩子去找出來。

📯 在這個遊戲中學到了什麼？

這是一個以非常具體與易於理解的方式，讓孩子了解事物有不同
大小的遊戲。他們正在學習比較——某些物品比其他物品大。

如果你進行在豆子中尋找寶藏的變化式，他們也可以發展其觸覺
能力。

去商店採購

二或多人
參與

這些遊戲可用來教孩子認識形狀、大小、顏色，以及更多其他的
東西，所以不同年齡的孩子可以共同進行這個遊戲。它也是孩子喜歡
進行的角色扮演遊戲：採購食物。

🤖 材料

☼ 不同的食物

☼ 椅子、板凳或 60*120 公分的木板

☼ 桌子

✏ 遊戲進行步驟

到廚房蒐集一些不同的食物——一盒麥片、一盒小餅乾、罐裝

Smart PLAY

湯品、空牛奶盒……等。將這些食物放在桌上，這張桌子就是「商店」。

然後將廚房中的椅子或板凳或 60*120 公分的木板排列在地板上成為一座「橋」。

你扮演媽媽的角色（這個角色是再適合也不過的了！）時，提示每一位「顧客」跨過「橋」到「商店」去買回你要的物品。指定購買的物品可依「顧客」的能力水準而決定。給較年幼者的提示是較簡單的，例如購買特別顏色的物品。較年長的孩子則可提供拼字或發音的線索。

如果孩子買回來不只一項物品，給他們一個提袋或托盤以便將物品帶回。

以下是一些建議的提示：

✿ 一件大或小的物品

✿ 包裝是黃色（或其他任何顏色）的物品

✿ 形狀是正方形（或其他形狀）的物品

✿ 這件物品名稱的第一個字聽起來是 MMMM（或其他任何發音）

✿ 這件物品是來自於母牛

✿ 這件物品是麵粉做的

✿ 我們會在早餐時吃這件物品

✿ 二個盒子與一個罐子（或其他數目的結合）

✿ 這件物品的名稱拼出來的字母像：C-E-R-E-A-L

✈ 變化的形式

✿ 在真的雜貨店中進行這個遊戲，讓你的孩子找出特定顏色或特定形狀的盒子。如果你希望他找出相同的物品，就使用與家中相同的線索。

✿ 你可藉由安排一位較年長的孩子在「商店」中收錢與找零錢的方式，擴大學習在遊戲中發生的層面。

 在這個遊戲中學到了什麼？

孩子在這個模仿真實生活的遊戲情境中學習辨認顏色、形狀、數量與字彙。提供多樣的學習方式學習同一件事情，將使得學習更容易並更能深化。

如果你設置了「橋」讓「顧客」跨過去，同時給予他們托盤，他們將有機會去練習平衡的技巧（拿著托盤代表孩子無法看到自己的腳，必須依賴內在的平衡感並強化它）。

6 歲及 6 歲以上兒童的遊戲

釣彩色魚

二或多人
參與

大多數年齡較小的兒童喜歡進行傳統「釣魚」的撲克牌遊戲。但是即便是年長的孩子也能喜歡這種簡單遊戲的變化形式。舉例來說，當我的孩子十多歲時，我們藉由處理掉「滿手」家中成員的襪子而完成這令人疲倦的襪子分類工作，並進行釣魚的遊戲（「有人手上拿著和這隻綠色帶有紅心圖案相配的綠色襪子嗎？」「沒有，去袋子中釣魚吧！」）

材料

✿ 色紙或顏料樣本

遊戲進行步驟

為進行這種版本的釣魚，你可將色紙剪下一些如紙牌大小的「撲克牌」——每種顏色需要兩張牌。試著去找那些比較不常見的色紙而不是基本的紅、黃、綠、藍色，例如藍綠色、紫羅蘭色或紫紅色（應用折紙藝術通常能讓它們變成有趣的形狀）。

為了使這個遊戲更精緻並能提供更多樣的形狀讓參與者知道，可從油漆或五金店蒐集你的「卡片」；油漆的樣本卡提供了許多種不同顏色的變化。選擇差異較大的顏色給年幼的孩子，差異較不顯著的顏色給較年長的孩子。每種顏色需要兩張。

發給每位參與者四或五張卡片，將剩餘卡片的顏色朝下方蓋在地板上或放在紙袋中。第一名參與者拿著一張卡片讓大家看並說「有人拿著藍綠色的卡片嗎？」（或是「這種有點藍的顏色」）

如果沒人有相同的卡片，這位參與者必須去釣魚——從蓋在地板或放在紙袋的卡片中抽一張牌（不准偷看！）。如果與手中卡片顏色相同，他便獲得下一次的機會，否則就輪到其他人。

在這個遊戲中學到了什麼？

兒童正在學習新的顏色——除了基本的紅、黃、綠、藍及紫色。

兒童能夠學習到有許多種不同的藍色。例如有一次我計畫粉刷孩子的房間，我詢問她希望的顏色，我五歲大的孩子說「紫羅蘭的顏色。」我非常高興她有自己的喜好，並認識這種我認同的顏色變化，然後我們一起將她的房間粉刷成紫羅蘭的顏色。

駕車到空曠處

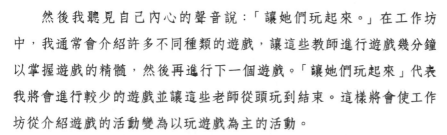

團體
活動

　　我曾有一次在紐西蘭各地進行旋風式的工作坊。我必須在三十天內進行二十三場的工作坊。我們一行人於午夜抵達某個城市，而工作坊的時間排在接下來的上午時段。我很高興但是也很疲累，然後我到了集合地點發現，出現的並不像往常般的是三十個年輕教師組成的團體，而是十位有著灰白頭髮、穿著軟底鞋，盛裝打扮的教師。當時我想到的是取消工作坊。

　　然後我聽見自己內心的聲音說：「讓她們玩起來。」在工作坊中，我通常會介紹許多不同種類的遊戲，讓這些教師進行遊戲幾分鐘以掌握遊戲的精髓，然後再進行下一個遊戲。「讓她們玩起來」代表我將會進行較少的遊戲並讓這些老師從頭玩到結束。這樣將會使工作坊從介紹遊戲的活動變為以玩遊戲為主的活動。

　　「讓她們玩起來」是我在那天的決定，而每個人都大笑、蹦蹦跳跳、嬉鬧玩耍，也玩得非常盡興，以至於在遊戲結束時，大家都坐在地上喘著氣卻充滿喜悅。這個我幾乎想要取消的工作坊成為參與者獲得最多樂趣的工作坊。

　　駕車到空曠處就是當天我們進行的一個遊戲。

 材料

☆ 無

遊戲進行步驟

　　每位參與者找到一位搭檔。其中一人是「車子」，而另一人則是「駕駛」。駕駛將手放在車子的腰際並駕駛它在房間中到處閒逛，因為每位駕駛都在同一時間動作，所以必須避免碰撞。達到這個目標的

方法是「駕車到空曠處」。我故意告訴駕駛做什麼,而非不要做什麼(就像「不要撞到任何人!」),因為他們通常不會聽到「不要」這個詞。所以你給他們這樣的指令會讓某些孩子聽起來變成是有趣的:「去撞其他人!」

鼓勵駕駛儘可能依自己的想法開快一些、快速轉向以找出空曠的場所。告訴他們或者做給他們看,讓他們知道如何藉由喇叭聲或刺耳的機械聲增加一些樂趣。

讓搭檔們輪流擔任車子與駕駛。

如果你的遊戲空間較大,可以用繩索或椅子甚至指令限制車子的活動空間(「保持在地毯上駕駛」)。可用的空間愈小,找出空曠空間的難度就愈高。

✈ 變化的形式

讓較大的團體共同形成二列或多列火車。排在車頭的孩子是「工程師」。工程師必須要找到空曠的空間讓火車通過。在這個變化的形式中，工程師必須要意識到需要多少的空間以巧妙地操控整列火車通過這個空間，即使是一群人亦能安全地通過。

就音效來說，用「咕嘟咕嘟」取代「嗚嗚」的聲音，同時用火車汽笛聲取代車子的喇叭聲。

📯 在這個遊戲中學到了什麼？

年幼的孩童尚未完整地意識到圍繞在他週圍的空間，他們常會撞來撞去。每一位父母親都有自己的腳趾常常被孩子踩到，或鼻子被孩子揮動的手臂撞到的經驗。兒童對於自己身材的大小及其所占據空間的意識需要一些時間逐步發展，特別還要考慮他們的身材是在逐步變化之中！

在這個遊戲中，對空間關係的理解以及對自我身體的覺知會逐漸形成。兒童需要意識到自己需要到哪兒去，而其他人要往哪裡走以避免彼此的碰撞。這需要對空間及此一空間中其他人所在位置的意識。

在第一個遊戲之後，你或許可以詢問參與者較喜歡哪一個角色：「車子」或「駕駛」。他們喜歡成為具有控制權者或是追隨者？或者其實兩種角色都同樣的滿意？這兩種角色都是有用的特質，但是觀察孩子們的喜好總是一件有趣的事。

Smart PLAY

消化系統的遊戲

團體活動

事物之間的空間關係包括內在與外界的物體。然而我們很難將看不到物品之間的關係視覺化。例如身體內的器官或宇宙的天體。這個遊戲將刻劃在內心的概念取出並轉化成實際的概念，以便參與者能藉由肢體而經驗這種關係。

Joe Crone 是一所小學的教師，曾讓他的學生表演出內在消化系統的消化過程，藉由從嘴巴開始，通過胃與腸道，再到肛門結束。他的學生選擇身體不同的器官表演出來。他甚至寫了一首關於這件事的歌放在他的 CD（幾何學公園，美國）中。

有一天，他遇見一位過去的學生對他脫口說出：「我還清楚的記得你的課，我就是那個肛門！」

遊戲進行步驟

讓參與者選一個消化系統中的器官，這也會包括食物的角色。
你可以吟唱 Joe 的歌詞或創作自己的歌詞。

消化作用由嘴開始，
那是食物出發前往南方之前被咀嚼的地方。
唾液腺讓它全身溼透，
就在這裡食物開始消化。

食道將食物推向下方，
進入胃之後，那是可以找到它的地方。
胃液分解食物。
胃的肌肉將它磨碎讓它可以被利用。

胰腺與肝臟加入胰島素與膽汁，

食物僅在十二指腸待一下子。

這些膠狀的黏稠物質現在叫作食糜，

它的養份在小腸中吸收。

它的水份在大腸中吸收。

這時食糜受到完美的壓縮，這是毫無疑問的。

它再通過直腸，肛門就是它的終點。

括約肌收縮，你的腸子開始蠕動。

【孩子們齊聲吟唱，這也可依情況選擇是否需要】

咀嚼並吞下這些極小的食物。

吸收所有的好東西，在結束時它轉變成為排泄物。

咀嚼並吞下這些極小的食物，將它轉化成黏性物。

現在你學會唱這首消化的歌曲。

變化的形式

☼ **其他生理系統**：循環系統，表演血液從肺部攜帶新鮮氧氣同時運行
通過心臟與動脈，並由靜脈回到肺部的方式。

☼ **宇宙**：讓孩子表演太陽系。一人扮演太陽而其他人扮演圍繞太陽的
不同行星，月亮則繞著地球運行。

☼ **讓孩子演示出太陽、地球與月亮一天的運行路線**：夜間太陽在何
處？這是一個了解日蝕的好方法，當月亮運行到太陽與地球中間，
日蝕便產生了，當地球運行到太陽與月亮中間，月蝕便產生了。

☼ **現在幾點鐘**：參與者是鐘面而其手臂是指針。當三點、六點、十二
點、十二點三十分、三點十分時，他們的手臂各應擺在何處？

✿ **原子排列**：參與者表演不同的分子結構。在 H_2O（水）中，有多少個質子、中子與電子？它們之間的關係又是如何？當 H_2O 與硫結合成硫酸時，它們的關係又將如何改變？

 在這個遊戲中學到了什麼？

學生正在學習物體處於內在與外界的空間中，彼此之間的關係如何。

適合所有年齡的遊戲

二或多人
參與

跳躍到不同的形狀上

這是一個沒有挫敗的遊戲。我曾在許多國家與許多不同的孩子進行過這個遊戲，我能保證孩子會為這個遊戲而雀躍不已。這個遊戲同樣可做豐富的變化。它可以是容易的，也可以是困難的；它甚至可以協助孩子學習形狀、數字、字母及顏色。

這個遊戲曾救了我一次。我曾在柬埔寨進行我的第一次工作坊，而我希望能夠順利完成它。我的翻譯人員和我及我的女兒正在前往孤兒院的路上，我計畫會在那兒對園長與工作人員演講兒童發展、遊戲的正面效益，以及如何以丟棄的物品製作學習的玩具等相關主題。除了少部分的成年人之外，三十名興奮的孩子前來迎接我們。他們都是來聽我演講的！

我知道當我在陳述理論時，這些孩子絕不可能安安靜靜地坐著，所以該是快速更動計畫的時間了。我並沒有直接告訴他們關於遊戲的

正面效益或孩子需要什麼，我準備直接做給他們看——就在當下！我的女兒讓孩子們在報紙上著色，而我快速地在報紙上畫下六個彩色的形狀。然後在翻譯人員的協助下，我們很快地讓孩子在其他孩子叫出某一種形狀時，跳到指定的形狀上。

孩子們喜歡玩這個遊戲，所以我的女兒和我有足夠的時間觀察房間並找出可以進行更多遊戲的材料（板凳排成一列可作平衡木，將報紙捲起來做球，在黑板上畫上圓形的標靶⋯⋯）。

在家中，你可在第一次進行此遊戲時讓它帶點神秘性。舉例來說，有一天孩子在家中到處亂跑而你希望他們能安靜一下，你可以這麼做：進行這個遊戲的準備工作。如果有孩子問你，你可以不必說明你在做什麼而增加神秘性，只要喃喃自語地引誘他說：「你馬上就會知道了。」

在你完成之前，孩子們將會圍在旁邊並準備進行所有的遊戲！

材料

✿ 報紙或影印紙或書面紙
✿ 麥克筆或蠟筆
✿ 膠帶
✿ 可選擇採用的材料：剪刀

遊戲進行步驟

找出六到九張的報紙，將報紙對折再用麥克筆或蠟筆在每張紙上畫一個形狀，或者你可以將每張報紙剪成不同的形狀。先從常見的形狀開始，如圓形、正方形、矩形、三角形、星形；若有較年長的孩子參與時，加入類似五角形、八角形、六角形與平行四邊形。

　　將每一張報紙貼在地板上，彼此相鄰而形成一直線（你用的報紙愈多，這遊戲就會愈難）。

　　一開始只簡單的由一個形狀向前跳到另一個形狀，邀孩子跟在你後面跳，當你跳到某個形狀時，就大聲說出那個形狀的名稱。跳過幾次，每一次都從第一個形狀開始，跳過每一個形狀一直到最後一個形狀。

　　而後指定不同的形狀讓每位參與者進行遊戲。對年幼的孩子應以簡短的指令進行（「從正方形跳到圓形」）。對較年長的孩子則可用較長的句子（「從圓形跳到三角形再跳到八角形」）。

　　如果你希望提升兒童記憶的能力，或者你希望讓這個遊戲對年長的手足或玩伴覺得更有趣，可以讓指令更複雜一些，例如「用你的腳

跟走到星形，再用腳尖走到矩形，最後在圓形上面跳四次。」或者，「橫向跳到正方形上，然後再背向跳到三角形上，然後跨過中間的三個形狀到達五角形。」或者，「用你的左腳跳到正方形，然後在空中旋轉後落在六角形上。」

✈ 變化的形式

除了在報紙上製作形狀外，你也可以在每次活動時，在報紙上畫出不同的顏色、數字或字母。

📯 在這個遊戲中學到了什麼？

在這個遊戲中有許多可以學習的部分。兒童學習關於形狀（或顏色、數字或字母），也藉由跳躍及單腳跳改善其平衡能力。他們同時學習到以不同的方式運動其肢體。

當你要求參與者聽從一系列的指令時，你也正在增進他們的記憶技巧──他們的聽覺能力、記憶能力，以及完成指令的能力。

最重要的，進行這個遊戲可以帶給你及參與的孩子一種遊戲豐富與多元的意識──即遊戲可由平凡如昨日舊報紙般的材料而來。

好多的障礙物

二或多人參與

下雨天時，你可利用這個遊戲將任何一個房間變成遊樂場。開始時你做最初的安排，一旦孩子們了解如何進行這個遊戲後，即可讓他們發揮自己的想法。我看過機敏的孩子在了解通過障礙跑道的方式後，以一種我從來沒有想到過的方法進行遊戲──而這種方式即使我希望這麼做亦無法達成！（「讓我想一下，你的計畫是從梳妝臺的頂

端跳到床上，再由床上翻一個筋斗到地板上，然後再從床下扭動著身體爬到……」）

 材料

⚬ 傢俱

⚬ 選擇採用的材料：鈴或鈴鼓、鼓或其他可發出聲響的物品

遊戲進行步驟

利用傢俱製作出一個障礙的（課程）情境。

思考與介系詞有關的物品：你需要某些可以**從下面穿過**的物品，從**上面跨過**的物品，**從周圍繞過**的物品，**從中間穿過**的物品，以及可以**橫跨過去**的物品。

思考與方向有關的指導語：某些可以**爬上去**的物品，某些可以**向下走**的物品，某些可以**走進去內部**的物品，以及某些可以**走出來**的物品。

思考動作詞語：某些可以**跳**過去的物品，某些可以**爬上去**的物品，某些可以繞著**單腳跳**的物品，某些可以向前、向後或橫向**走動**的物品，某些可以**爬過**或從下面穿過去的物品，以及某些可以在上面**奔跑**的物品。

在障礙跑道的起點用紙、小地毯或任何可以標示出起跑點位置的物品作標記。這個規定可以在許多參與者共同進行遊戲時，協助他們不要從別人的前面插隊或讓遊戲能夠維持一定的秩序。我喜歡在終點增加一個鈴或是其他可以發出聲響的物品以通報大家有人成功的跑完全程。我發現孩子真的非常喜歡鈴聲響起或是搖動鈴鼓向全世界宣告自己驕傲的成就。參與者可以一個接一個，或是輪流通過接受大家的歡呼。

以下是可以利用的障礙物：

☼ 可從底下通過的桌子

☼ 可從中間穿過的兩列椅子

☼ 可從上面跳越
　　過去的凳子

☼ 可從上面跳過
　　去的一疊書

☼ 可站立其上並
　　從上面跳下來
　　的椅子

☼ 排成一列的、鋪著
　　泡棉塑膠墊讓參與者倒退走過去

☼ 一個可以讓參與者坐進去並扭動前進的箱子

☼ 一個可讓參與者橫著走過去的長凳

變化的形式

在天氣晴朗的戶外，可以用下列物品作為障礙物：

☼ 倒下的樹幹作為跨越的障礙物

☼ 可繞著它單腳跳躍的樹

☼ 可爬上去再跳下來的大岩石

☼ 人行道上的紅磚，可從一塊跳到另一塊

☼ 用街燈作為目標，跑過去碰觸到街燈，再繞一圈跑回來

在這個遊戲中學到了什麼？

在這個遊戲中有許多種不同能力的學習發生了，而這些能力將可以協助孩子在老師與家長面前表現出最好的一面。最重要的是他們從

安排障礙跑道的過程中，學習到將物品彼此之間進行聯結。他們正在學習自己與這些物品的關係；舉例來說，某些物品比他們的身高更矮，使他們必須調整自己的姿勢以便從這些物品底下扭動著身體爬過去。老師將會很高興孩子同時學會了對他們有意義的介系詞、方向及動作相關的詞彙。體育老師將會很高興看到孩子藉由不同的動作增強了自己的行動技巧。而家長則會樂於見到孩子能夠創作並發掘新的方式來娛樂自己。

內在的地圖

一或兩人參與

我並不清楚你的情況，但是我很容易就會迷路。我並不介意去問路，但是我希望能在年幼時便學過如何形成關於所處空間的內在知覺。

一個協助孩子發展這種知覺的方法，是讓他們嘗試想像自己向上投射以便取得如同鳥類一般的視野來觀察圍繞在他週圍的事物，以及事物與事物之間的關聯。

一個很好的方式是從孩子自己的家中或教室開始。

 材料

✿ 紙
✿ 選擇採用的材料：蒙眼布或大的紙袋

遊戲進行步驟

放一張紙在地上作為參與者站立之處。將這張紙稱為「本壘」。當參與者站在「本壘」時，讓他注意房間中不同的物品離他有多遠，

例如書架、沙發、廚房門等。然後讓他注意從書架到沙發的距離、從
沙發到廚房門、從廚房門到「本壘」的距離各是多遠。

　　其次，要求他閉上眼睛並從「本壘」走到每一個指定的物品處。
例如「閉上眼走到書架那邊，然後再走回本壘來」。

　　如果他朝著錯誤的方向走，或者快要撞到東西時，藉由少許的指
引協助他走回原來的路。

　　一旦他成功到達每一個指定物品處後，你可以讓指令更複雜一
些。例如「走到書架後再從書架走向沙發，然後再走去廚房門那裡，
最後再走回本壘」。

　　某些參與者可能因為無法張開眼偷看而感到無法適應，
所以你可能希望使用蒙眼布（我曾發現許
多孩子喜歡用大的購物紙袋
套在頭上替代
蒙眼布。它不
會滑下來或像蒙
眼布一般纏在頭
髮上）。當然，你
會希望清理空間中
可能的障礙物，例如
咖啡桌以及可能會絆倒
孩子的物品，像是地板上
的玩具或滑動的地毯。

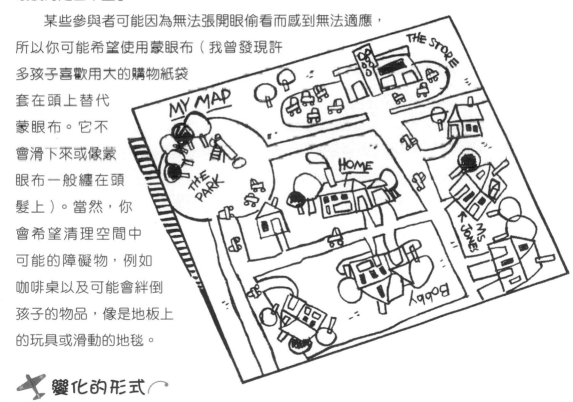

✈ 變化的形式

✿ **它在哪裡**：將一張紙捏起來形成一個球，或者使用任何的小物品，
　　將這球或小物品放在離本壘一段距離的地方。讓參與者閉上眼睛再

走到他認為紙球所在的位置後將它撿起來。這個遊戲實際上比聽起來更困難。你不妨親自試試看。

為了讓這個遊戲更複雜一些,讓參與者從不同的位置上撿回二、三種以上的東西。參與者到達第一個位置並前往下一個地點時仍不能張開眼睛。

✿ **我在哪裡**:讓參與者畫出居住地點附近地區的地圖。

🎺 在這個遊戲中學到了什麼?

孩子正在發展關於物品在空間中與自己及其他物品相對位置的感覺。

袋鼠的球

團體活動

當孩童是跳躍的袋鼠時,他們可能會試著去碰撞或避免碰撞其他的袋鼠,他們便經驗到與他人空間的關係!這個遊戲幫助孩子去注意到他們位在空間中的何處,他們被什麼東西所包圍,以及什麼東西正朝著他過來。

「袋鼠的球」同時也是一項讓旺盛精力發洩的良方,所以當你在生日宴會中希望孩子吃完糖果後立刻消耗掉這些糖份時,它是一個相當有用的方式。這是一個你無法由「在驢子身上釘尾巴」(編按:國外小小孩的遊戲,讓孩子們蒙眼去釘驢子的尾巴)獲得的益處。

🤖 材料

✿ 軟球(簡單地由報紙或塑膠袋捲在一起再用膠帶黏綁好,見 p.129-130)或是從商店中購買現成的塑膠軟球。

遊戲進行步驟

在每位參與者面前的地板上有一顆球，參與者蹲下並利用他的膝蓋將球夾起來，然後將球夾在兩膝中間，並像袋鼠一般跳躍。讓參與者依不同的指令跳躍，例如：

✿ 短距離的跳躍

✿ 長距離的跳躍

✿ 向兩側跳躍

✿ 很快的跳躍

✿ 緩慢的跳躍

✿ 跳躍過某項物品，例如一張紙

如果參與者願意的話，讓他們數算自己在每一種不同的跳躍方式中可以跳多少次而不會讓球掉下來。

✈ 變化的形式

在一般的玩法中，孩子們會避免去碰撞其他參與者，以免自己的球落下。在這個變化的形式中，你告訴他們可以輕輕的去碰撞其他成員的臀部，看看是否會讓其他人的球掉落下來而自己的球不會。許多孩子將會發現這個變化更有趣味。但是你也很了解你的參與者，如果參與者變得更為吵鬧，這種變化可能會引發問題。

📯 在這個遊戲中學到了什麼？

除了發展他們的空間知覺使他們有意（或避免）與他人碰撞外，孩童們正在藉由腿部的跳躍動作及對球的掌控能力增強他們下肢的力量。當他們嘗試以不同的方式運動時，他們正在發展與運用個別及不同肌肉群的能力。

冰棒棍拼圖

二或多人
參與

如果你有子女，冰棒棍在你生活中可能是相當平常的物品。在吃完冰棒之後，只需要一秒鐘就可將冰棒棍上的殘餘物洗淨，再放到窗台上風乾。一旦你蒐集到四至五根冰棒棍之後，你就可以製作這個俏皮的拼圖了。蒐集愈多，或是在手工藝品店購買手工用木片，就可讓二至三個人一起玩。

🤖 材料

◇ 冰棒棍、手工用木片或壓舌板
◇ 膠帶
◇ 簽字筆

🎺 遊戲進行步驟

將四至五根冰棒棍以製作木筏的形式排放在每位參與者手邊。然後用膠帶將這些冰棒棍的其中一面黏起來。用簽字筆在另一面畫上圖畫，或者在大部分的「木筏」上作一個輪廓清晰的、簡單的設計。

然後，將冰棒棍拆開來，並將這些部分分給你的參與者。向他解釋他應該可以將這些部分重新組合成為完整的圖。

將另一組冰棒棍黏起來，並讓參與者畫下他自己的拼圖，以便讓你重新拼起來。

如果有許多人製作拼圖，將這些拼圖依次傳下去，以便所有參與者皆有機會嘗試所有的拼圖。

✈ 變化的形式

除了自己作畫外，也可以將雜誌上的圖貼在冰棒棍上，然後用美工刀或剪刀將這些冰棒棍剪開。

除了使用四或五根冰棒棍外，你可以使用更多的冰棒棍以製作較大的拼圖。

拼圖的設計可以依設計者的喜好而製作成簡單或複雜的圖形，所以這是一個適合所有年紀孩子的遊戲。

📯 在這個遊戲中學到了什麼？

兒童正在學習由部分組成整體。不像一般的拼圖是找出正確的形狀，這個拼圖是鼓勵參與者將不同的部分組成一個完整的大圖。例如藉由注意到一根冰棒棍上的曲線與另一根冰棒棍上的曲線相符，他們見識到在空間中一件事物與另一件事物的連續性。

盲人肖像

二或多人
參與

在這個遊戲中，參與者將描繪出其他參與者的肖像。這個遊戲的花招是：當參與者描繪肖像時不允許看著作畫的紙張。

這樣的結果通常會令人捧腹大笑，有時甚至令人印象深刻。也許這就是畢卡索獲得靈感的方式！

材料

✿ 鉛筆或彩色鉛筆
✿ 紙

遊戲進行步驟

發給每位參與者鉛筆與紙張，讓參與者兩兩（例如你及你的孩子）相對坐下。然後讓相對的兩位參與者在不看所畫紙張的情況下開始描繪對方直到完成整個肖像。

變化的形式

在不注視紙張的情況下，描繪房間中的物品。

在這個遊戲中學到了什麼？

這個活動鼓勵小小藝術家在參照相貌特徵或物品時，能夠於內在掌握到手在圖畫紙上的相對位置。

這個活動也鼓勵兒童集中注意力，將注意力聚焦於細節上——這是在學校及求學過程中的重要技能！

與星星聯結

運用律動的學習活動是有趣的，但是在靜止不動當中仍有許多東西可以學習。在這個視覺化的遊戲中，有靜止、想像以及對個體內在智慧信念的規則。

「與星星聯結」這個遊戲如果在夜晚進行，可以協助兒童統整白天的經驗。如果在晨間進行，則是為新的一天聚焦並補充能量作準備。

 材料

✿ 無

遊戲進行步驟

要求參與者雙手放鬆、兩腿交叉同時挺直身子坐好。給予以下指令：「首先，讓我們做四次深呼吸。由你的鼻子吸入一大口氣同時想像你的肚子充滿空氣的樣子；讓你的腹部向外擴展，然後讓空氣充滿你的肺部並讓胸部向外擴展。（停頓一下）現在將空氣由你的嘴巴吐出，然後將胸部的空氣也吐出來，讓胸部回復原狀；腹部肌肉用力將肚子中最後的空氣送出來。」

在四次深呼吸後，回復到正常的呼吸方式並加入以下指令：

「想像在你頭部正上方有一顆閃亮的星星，整顆星星散發出耀眼的光芒。其中一個部分正在將能量灌入你的頭頂。呼吸一次並想像這個能量正通過你的頭頂到達脊髓，然後以脊髓為中心散發出去到達你所在的地方。」

「這種能量源源不絕地灌入地下，不停地灌入，直到它到達地球的中心。然後吸一口氣，跟著所有這些深入地下的能量以相同的路徑

Smart PLAY

回歸到你脊髓的中心。能量持續的回歸直到它回到你的頭頂並重新回到那顆星星上，讓這顆星星更加明亮。」

「然後，再一次散發出來自你頭頂那顆星所有明亮的白色能量。這些能量再次進入你的脊髓又散發出去回到地球的中心。」

「現在再一次吸入地球的能量，通過你的脊髓，在這個時候將氣呼出，讓能量通過你的頭頂而像瀑布一般散布在你身體四周，洗滌並包覆著你。」

「依你自己的步調再做三次，從你頭頂的那顆星開始，並以星光閃耀的瀑布做結束。」

在這個階段以靜默結束時，提醒參與者現在是檢視自我的好機會，例如：「關於我現有的這個問題我應該做什麼？」提醒他們可以期待答案自行浮現——如果不是當下，稍候便會以某種形式浮現，例如無意間聽到的評論，在書中或歌曲中的格言，朋友非常正確的忠告……。

📯 在這個遊戲中學到了什麼？

兒童正在練習視覺化與使用心之眼看事情，而學習靜止與進入靜默的智慧中是一項我們終身受用的技巧，這個遊戲提供兒童發展這種能力的方式。

二或多人
參與

標籤的藝術

如果你像我一樣喜歡在較具規模的文具店中閒晃，你可能會知道那其中有許多事物可以娛樂兒童。在我其中一位女兒五歲生日時，我從一間文具店中買了一個檔案盒，同時放入許多有趣的辦公用品：釘

書機、釘書針、不同的筆、索引卡片、彩色膠帶、口紅膠、不同形狀的自黏標籤，以及其他的小東西。你應該已經知道我就像摘下天上的月亮給她一般，她與她的姐妹用這些材料扮演辦公室的遊戲，並從中獲得了許多的樂趣。然而，正是自黏標籤誘發了她們身上的藝術才能。

材料

✿ 自黏標籤，例如郵寄用自黏標籤、檔案標籤、顏色點，以及便利貼等

✿ 紙或索引卡

遊戲進行步驟

購買許多不同的標籤，同時藉由將這些標籤貼在紙或索引卡上，讓你的孩子自行設計圖樣或認識這些標籤。例如：他可以利用圓形的標籤當作頭，長方形的標籤當作手臂，正方形的標籤當作身體而製作出一個簡單的圖形，他也可以做一隻動物的圖形或是整個動物園。

這當中也有永無止境的抽象圖形之設計存在。

建議你家中的藝術家：他可以利用自己的設計製作專屬的卡片，例如父親的生日卡。

在這個遊戲中學到了什麼？

這個遊戲所有的一切都與創造力有關。當進行某件事而無明確的正確或錯誤的方式時，想像力便可自由的施展而成就任何他想要完成的事。因為這個遊戲是如此容易上手，年幼的兒童也可以在年長的手足旁參與並黏貼，而且所有的參與者都可以獲得成就感。

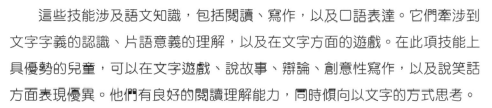

PART · 2

增進口語—語文
技能的遊戲

　　這些技能涉及語文知識，包括閱讀、寫作，以及口語表達。它們牽涉到文字字義的認識、片語意義的理解，以及在文字方面的遊戲。在此項技能上具優勢的兒童，可以在文字遊戲、說故事、辯論、創意性寫作，以及說笑話方面表現優異。他們有良好的閱讀理解能力，同時傾向以文字的方式思考。

　　為了提供兒童在口語—語文方面的起點能力，這個部分提供一些進入閱讀階段前的遊戲，它們包括利用視覺、觸覺，以及全身來辨識字母。這裡也有開始學習閱讀者的遊戲，它們是從自傳式的書籍開始；同時我們也有為進階閱讀者準備的字典遊戲。

　　因為發展語言技能需要良好的聽覺能力，我們也提供了需要聽覺能力占大部分的遊戲。

6歲及6歲以下兒童的遊戲

一或兩人
參與

袋子做的書

　　這是一個我曾經聽過最棒的想法，它能夠快速、有趣與簡單地提供完全關於孩子的書。我不知道誰是第一個將照片放在透明塑膠袋的人，但它是一個需要傳播出去的偉大想法。

　　它同時也是一個處理那些不足以放在家庭相片簿中，但又不捨得丟棄的相片的好方法。如果你的相片仍然躺在鞋盒中而不想放在家庭相片簿中，這是一個讓你將它們放在一個可以看到的地方，同時讓它變成孩子紀念品的好方法。

 材料

○ 相片
○ 透明塑膠袋
○ 釘書機
○ 可選擇採用的材料：紙張

遊戲進行步驟

　　讓你的孩子協助你挑選他想要放在相片簿中的家庭相片。鼓勵他挑出家庭中每一位成員的相片，包括祖父母以及寵物等。將每一張相片（或是兩張相片背對背地）放入透明塑膠袋中。

　　一旦你放滿了四到五個透明塑膠袋後，將透明塑膠袋的開口部分用釘書機釘在一起以形成書頁。你可能會想釘上一張封面，同時用孩子的名字為這本相片簿命名，例如「雅各的家族與朋友」或「雅各

所愛的人」或是「喜愛雅各的人」。你
可以確定這本相簿將是孩子一
看再看的「書」。最重
要的，他是一位明
星！

　　在這本相簿
中，包括每一張相
片都會有一個標題
或是一段故事來配合
相片的構圖，所以在
每次瀏覽這本書時，你
都有內容可以閱讀。你可以將標題寫在一張紙上，將它置入透明塑膠
袋中或是貼在塑膠袋外面。寫下一、兩個句子，例如「這是雅各正在
輕拍黛西狗狗，他愛他的狗狗。」或者從兒童的觀點來寫這個句子：
「我正在輕拍我的狗狗，我愛牠。」你可以自行決定要寫下什麼，或
是讓你的孩子決定寫哪一個句子。當我讓我最小的孩子這麼做時，她
要求我在一張注視著她的相片中寫下「這是我的媽媽正在愛著我。」
　　除了完整的句子外，你也可以只寫一個字或詞，例如「阿嬤」。
如此一來，你家的學習者就會開始辨識文字，同時可以對著你「讀」
這本書。在這個情況下，就不要將單字放在透明塑膠袋中，而是將它
浮貼在塑膠袋外面。這樣子兒童便可以學習閱讀文字，同時撥開這張
浮貼的紙來確定是否正確。（它真的是阿嬤！）

✈ 變化的形式

　　如果要一本更精緻的書，可將孩子的房間、住家附近的遊戲場所
或是任何孩子度過較長時間的場地的相片也放進去。

你也可以計畫性地拍照，那些描繪家中寶貝從早到晚事件的相片書，可用諸如「雅各的生活」或「雅各的一天：人與景」做書名。例如第一張照片可以放雅各起床的樣子，下一張則是吃早餐的相片，其後則是到保母家、與朋友玩、母親去接他、全家共進晚餐……等，直到一天結束時的擁抱與床邊故事時間。

如果你希望你的相片書比塑膠袋製作的更堅固，你可以只購買相簿的內頁。我個人喜歡本身具黏性而上面覆蓋塑膠片的那種內頁，如此相片可以安穩地維持在固定的位置上。多買一些這種內頁並用緞帶將它們固定起來。

🎺 在這個遊戲中學到了什麼？

你的孩子可以從擁有一本書中學到許多事。其中最重要的則是他是一個非常重要的人！整本書都是關於他的事件，代表他有舉足輕重的地位，而製作這本書的人顯然也有同樣的想法。

如果你製作一系列關於孩子日常生活的書，便可降低他在陌生環境引發焦慮的可能性，例如將他留在幼稚園或保母那兒。因為他已讀過這些書，他知道結果是什麼：他深愛的人將會來接他並帶他回家。

當你加上文字時，不論是針對年齡較大孩子的句子，或給年幼孩子看的單字，你正是在協助孩子學習閱讀。

一或兩人
參與

名字配對

兒童在他們非常小的時候便知道他們有自己的名字。其後他們將發現自己的名字可以寫下來與讀出來。這個遊戲可以協助他們發現這一點。

材料

☼ 筆

☼ 紙

☼ 剪刀

☼ 可選擇採用的材料：膠水

遊戲進行步驟

將孩子的英文名字以端正的、較大的字體寫在一張紙上。

在這張紙的下方用筆再寫一次，同時將第二次寫的名字之每個字母剪成長方形的字母卡備用。

讓孩子坐在你的腿上或與你並肩坐在一起，指出他名字的第一個字母同時找出相對應的字母卡片。

如果你願意，你可讓他用膠水將字母卡黏在上方名字相對應的字母上；如果他年紀太小而無法使用膠水，在字母卡背面沾一些口水也可以有相同的效果。

變化的形式

增加一些名字以外的字母，讓他學習分辨名字中的字母與其他字母的不同。

你也可以用家中其他成員的名字進行這個遊戲。

在這個遊戲中學到了什麼？

孩子正在學習自己的名字是由一些字母所組成，同時也在學習個別的英文字母。

Smart **PLAY**

五分鐘內學會閱讀

一或兩人參與

當我在孩子的家中與他們互動時，我總是樂於向他們的父母誇耀可以在五分鐘內教會孩子閱讀，（特別是面對那些對自己孩子學習閱讀能力存疑的家長時更是如此）。以下就是我的秘訣。

材料

☆ 索引卡
☆ 鉛筆

遊戲進行步驟

在個別的索引卡上，寫下孩子家庭成員或在生命歷程中其他有意義的人（或動物）的名字。例如 Mommy、Dad、Susie（姐姐）、Jim（叔叔），以及 Rex（寵物狗）。

開始時拿兩張卡片，同時告訴每一個人（包括參與的孩子）他將會讀出這些字。

私下告訴孩子如何分辨這些字。例如「Mommy」這個英文字是由一個看起來像山的「M」字組成。Dad 這個字則是有一個半圓在前面。大略地混合這兩張索引卡片就像你已完成洗牌後，讓他練習辨認這些特徵。如果他的注意力受到此遊戲的吸引且對此感到興奮，你不必驚訝他第一次就可以輕易的認出這些字。如果他無法辨認，卻仍享受此遊戲，再多告訴他在字之間的差異——例如「Mommy」的英文字比「Dad」長。如果必要，不要吝於提供正確答案，這只是一個遊戲而非測驗！

當孩子準備好了，邀請他的觀眾參與並讓他成為注目焦點。記得要充分地洗牌以避免有人挑剔說孩子只是記得名字的順序而已。當他

準備好了，再加入其他的名字。指出 Susie 名字的第一個字母看起來像條蛇，而 Jim 的第一個字母看起來像倒過來放的拐杖糖。讓孩子練習區分不同的名字，它不會在下次表演前花去太多的時間。

展示出第一張帶有像山形狀字母的字，再看他驕傲地說出「Mommy」這個字。倒放拐杖糖的字母則會讓孩子說出 Jim……。

變化的形式

在家中不同物體上貼上寫有該物品名稱的索引卡片。最初僅由少數的字開始。例如將「DOOR」這個字貼在門上、將「DESK」這個字貼在桌上、將「REFRIGERATOR」這個字貼在冰箱上……。將卡片貼上便會讓你的孩子吸收這些字。

之後，找一天多做一些字卡，這樣的遊戲是讓孩子去找出相對應的卡片。例如給他一張寫有「DOOR」的卡片，讓他在房間中找到相同的字（「你找到寫有「DOOR」的卡片，你真是一個聰明的孩子！」）

在這個遊戲中學到了什麼？

兒童學習到這些印刷在紙上的愚蠢塗鴉其實代表的是文字，而這些文字可以閱讀與理解。

他們同時學習到注意每一個字母形狀的細節，注意到每一個字母都有它自己的形狀與讀音。

他們同時也學習到自己可能讓這些塗鴉產生意義，而這正可帶給他非常大的滿足經驗。

釣字母魚

如果你家中有年幼的兒童，你可能已經有一套字母的磁鐵吸在冰箱上了。小傢伙可能開始玩它並在你的協助下依順序安排 A 到 Z。或許有一天你可以用它們來留言。通常有一些磁鐵會遺失，而這些遺失的字母大部分是留在冰箱上作為備忘之用。

這裡有一個我運用這些磁鐵字母和幼稚園小朋友進行的遊戲，它是學習辨識字母與數字（如果你二者皆有）的有趣方式。

材料

○ 小磁鐵

○ 線

○ 鉛筆

○ 附有磁鐵的字母或堅韌的紙張與紙夾

遊戲進行步驟

在一個磁鐵上面綁上一條線段（或以膠帶固定），將線的另一端綁上一枝鉛筆，這就是你的釣竿。

將這些字母放在地上並且讓這些字母的小磁鐵朝上。將它們分散開來而不會彼此干擾。如果你沒有磁鐵字母，在索引卡或其他便條紙上剪一些魚的形狀下來，在每一條魚上寫一個字母再將它們散置在地板或紙盒中。對孩子來說，B、D、P、Q、G、S 這些常用的字母是較適合的。在每條魚上夾上一個夾子。

讓你的孩子站在字母磁鐵的上方，搖動其釣竿看看哪一個字母會上鉤。

在他每次釣到魚時，表現出興奮的表情是有幫助的。將這些字母正面朝上地擺放出去以便他能驕傲地展示其戰利品。

這並不是測驗。你並不需要問「這是什麼字母？」最重要的是對每一個字母的熱情。「讓我們看看你釣到什麼！你釣到……N！」你可以在說出這個字母前稍停一下，以便讓你的孩子有機會表現他確實認識這個字母。

如果你同時有幾位參與者，你可以為他們多做幾個魚池以便他們可以同時釣魚。較年長的參與者可讓他們將漁獲放在一起以組成單字。

✈ 變化的形式

☼ **分類與數算**：有些字母磁鐵會有比較多組的字母。這可給你一個介紹相等概念與數量概念的絕佳機會。「我們看看，你釣到一個 A。現在你能釣到與這個字母完全相同的字母嗎？它在哪兒？喔！對的，在這裡。看！現在你有三個 A。讓我們一起算算看──1，2，3。」

☼ **哪個字母不見了？**：將一些字母放在參與者面前，再請他轉頭或閉上眼睛，同時取走其中一個字母。當參與者張開眼睛後，問他是否知道哪一個字母不見了。

📯 在這個遊戲中學到了什麼？

這個遊戲讓你的孩子對字母與數字逐漸熟悉並習慣它們。你可為孩子擴展這個遊戲讓它與日常生活聯結起來。「記得你昨日釣魚時釣

到這個 S 嗎？在這個停止標誌上也有這個 S。你看，在這個十字路的標誌中，還有兩個 S 呢！而另一個商店的招牌上也有一個 S。喔，到處都有 S 呢！」

二或多人參與

圓點字母

學習寫字是孩子在他們生活中觸動成年人的一種方式，但它可能只是一項激勵的因素而已。然而，如果他們一再重複地寫同一個字母，便會突然地產生一個神奇的結果，正如在這個遊戲中，有一個令人興奮的理由完成它。

 ## 材料

☼ 蠟筆
☼ 紙
☼ 紙夾

遊戲進行步驟

讓你的孩子用各種不同顏色的蠟筆在同一個大字母上重複的寫，但確認他最後用的蠟筆是黑色的。或者你們可以輪流，每一個人指定下一個人使用的顏色。

然後讓參與者用迴紋針或牙籤末端在黑色的部分畫圓圈，同時觀察其他顏色的變化。你最終會獲得一個圓點字母！

變化的形式

可以刮出直條或交叉條紋，甚至其他的形狀，而非單純的圓點。

🎺 在這個遊戲中學到了什麼？

這是一個強化字母如何構造的好方法。當你向孩子描述過程時，藉著運用介系詞（上、下、周圍……）的同時，也擴展了他語言字彙的能力。

舉例來說，你可能會說：「Dylan，讓我們做一個圓點字母 D，它是你名字的第一個字母。我們將從頂端開始向下。然後，我們會從頂端畫圓。這裡，讓我們共同握住蠟筆一起畫。由上而下，由上而到周圍；由上而下，由上而到周圍。現在，讓我們為整個字著色。很好！接下來我們該用什麼顏色？」

細沙字母

二或多人參與

幼稚園老師總是會製作這樣的字母。為什麼它們會這麼有趣？與孩子玩這個遊戲是一種令人愉快的、消磨時間的方式，而且也可用藝術的方式協助他學習字母！

🤖 材料

✿ 膠水
✿ 索引卡或較厚的紙
✿ 可選擇採用的材料：畫筆
✿ 細沙、鹽或米
✿ 可選擇採用的材料：廣告顏料

🖍 遊戲進行步驟

利用膠水在索引卡或一張較厚的紙上塗出字母的形狀，或利用畫

筆沾膠水在紙上畫出字母的形狀。

讓你的孩子將足量的細沙、鹽或米粒鋪在膠水字母的上方。

等待膠水乾燥。當它乾了之後，搖動紙張讓多餘的細沙、鹽或米粒落下。

如果你希望華麗一些，你可以混合一些顏料在細沙、鹽或米粒中，並利用它們做出五顏六色的字母。你也可以去買彩色的沙子。

做出整套的字母，並利用它來協助孩子感受字母的形狀以學習字母。

 變化的形式

以下是一些運用沙子字母的遊戲：

☼ 讓參與者將手背在後面，再將一張沙子字母滑過他的手。看看他是否能感覺出這個字母為何？

☼ 放幾張字母在桌上，讓參與者蒙上眼睛後，看他是否能找出你指定的字母。

☼ 讓年紀較長的參與者在蒙著眼睛的情況下，從桌上的字母中找出可拼成某個字的字母。

☼ 看看參與者是否能由其赤腳、臉頰或手肘感受出字母。

在這個遊戲中學到了什麼？

沙子字母是一個教字母的好工具，因為學習者同時運用了視覺與觸覺。在任何時間應用兩種以上的感官學習時，深度的學習便發生了。

快速組合字母

　　這是一個如此簡單又有趣、應用字母學習或遊戲的方式，以至於我常常好奇為什麼尚未做成商業性的販售。或許正是因為它如此容易製作以至於沒有人會花錢購買它。這個點子來自我的一個夢境，而且它也是一個夢想中的遊戲，因為可以在候診、搭飛機或任何你必須等待的時間而想讓自己有些娛樂時，和你的孩子一起玩。你所需要的只是一張紙。

 ## 材料

☼ 一張紙

遊戲進行步驟

　　拿一張紙，然後撕或剪下一些薄的長方形及一些圓形。將圓形從中剪成兩個半圓形，同時將長方形裁成不同的長度。如果你願意，將半圓形中心割下來讓它們變成字母 C 的形狀。

　　如果你希望以後仍能進行這個遊戲，可以用厚一點的紙以便保存較長時間，例如模型紙、索引卡、明信片或雜誌的封面。

　　利用這些紙來組成不同的字母。

　　你會驚訝的發現可以用這些簡單的形狀做出所有的字母。

　如果你的孩子正要開始學習字母，你可以先做一個字母讓他照著做。

　他可能在你轉頭看別處時做出一個字母，此時你可以看著他的作品並說出他排的字母。你們可以輪流排出字母。

　如果你的孩子年紀較小而且只想排出形狀，讓他依自己的想法排，同時在他偶爾排出像字母的形狀時告訴他：「你排出一個 L ！」

　排出一些像「cat 和 hat」、「pen 和 hen」或「mad 和 sad」等簡單的單字，在這兒你只需變化第一個字母就可以拼出新的字。（我比較不建議去造出二或三個字的句子，因為一陣微風或失手就可能會讓字母混亂而使挫折取代了樂趣。）

在這個遊戲中學到了什麼？

　當你第一次看到希臘文或日本文字時，它可能會令你驚訝竟然有人可以閱讀這樣的符號。孩子在看字的時候也是這樣的感覺。

　知道這些是一件好事：組成字的神奇東西叫作字母，而它只不過是由線段與半圓構成的。一旦你的學習者能夠組合它並認識它，他就向成為閱讀者的路上邁進。

　如果你的孩子正在學習寫字而他會將某些字倒過來寫，這是一個不帶批判的、主動協助他了解字的不同方向的方式。例如你可組合一個「b」字同時假裝這個字母的筆順是倒過來的：「向上寫，這是字母 b。向上！向上！喔！喔！這個 b 轉了一圈並退回來了！你可以將 b 轉回來讓它再次向前嗎？愚笨的 b，它走到錯的路上了」

二或多人參與

字母跳房子

跳房子是許多孩子玩的遊戲，一旦他們熟悉如何進行跳房子遊戲，你可以藉由字母取代數字而擴展他們的學習。

 ## 材料

✿ 封箱膠帶或棍子或粉筆
✿ 石頭或豆袋

遊戲進行步驟

做一個跳房子的圖（見圖）。你可以在地板上用封箱膠帶貼、在戶外柏油或水泥地上用粉筆畫、在泥土地上用棍子畫出。如果你用的是粉筆或泥土，便可以很容易地改變字母再重新玩一次。

在跳房子中用字母取代常用的數字。

讓你的參與者輪流投擲標記（例如一塊石頭或小豆袋）到你或其他參與者指定的字母上。然後參與者必須單腳跳或雙腳跳過其他的字母到指定字母的位置，撿起標記後繼續往前跳到終點，然後再轉身跳回起點。

變化的形式

如果你熟悉它，你可以使用一般的跳房子方式，或者採用能配合參與者能力或興趣的、有變化的跳躍方式。可能的方式如下：

✿ 從起始點直接到指定字母的長距離跳躍。

✿ 依序列的方式進行，也就是依每一個字母的順序依序跳過。

✿ 只跳大寫字母或只跳小寫字母。

📯 在這個遊戲中學到了什麼？

參與者學習辨認字母及區分大小寫的字母。他們同時也學習單腳跳時保持平衡，同時練習從一個方塊跳到另一個方塊時肢體運用的能力。

團體
活動

跟隨音樂律動

在這個聽覺遊戲中，每一個音代表一個不同的動作。加入更多種類的聲音，你就會有一個記憶的遊戲。

🤖 材料

✿ 不同的樂器

✏️ 遊戲進行步驟

運用樂器並指定每一種聲音的動作。例如，讓參與者聽到鐘聲時旋轉，聽到鈴鼓時則跳躍，聽到笛聲時單腳跳，聽到鼓聲時則從地上彈跳起來……。

首先彈奏所有的樂器以便參與者可以複習動作。然後你轉身背向他們，使他們無法看到你彈奏的樂器。以隨機的方式每次彈奏一種樂器一段時間，以便當你改變樂器時他們能真正聽到並改變其動作。然後試著一次演奏二種樂器，讓他們能夠做到像是單腳跳並旋轉。

✈ 變化的形式

讓孩子們輪流演奏樂器,讓演奏者面對你排成一列同時背對著舞動者。你成為樂團指揮並將指揮棒指向你希望演奏的樂器;或者你可以讓演奏者面對舞者,而用手拍你希望演奏樂器者的背部。

🎺 在這個遊戲中學到了什麼?

在這個遊戲中可以增強聽覺和記憶能力。個體聽話的能力是直接與聽覺和記憶有關的。

6 歲及 6 歲以上兒童的遊戲

準確的聲音

一或二人
參與

如果你的相片尚未數位化,你可能留有一些裝底片的圓盒。即使你沒有,也可以很容易地在照片沖洗店中找到它們。

運用這些空盒子,你可以很容易地進行訓練孩子聽覺技巧的遊戲。

🤖 材料

✿ 在家中隨處可蒐集到的物品
✿ 大約十個裝底片的圓盒

✏ 遊戲進行步驟

將每一種數量相同的小東西放在二個盒子中。例如將鹽放在二個

盒子中，米放在另外二個盒子中，爆米花又是另外二個盒子……。其他的物品包括鈕扣、小石子、豆子、沙子與硬幣。

將裝有一套物品的盒子交給你的遊戲參與者，同時自己保管另一套。

搖動你的盒子並請參與者找出相同聲音的盒子。

其次輪到參與者搖動盒子並由你找出相同的物品。

某些聲音可能很容易區分出來，例如硬幣與米粒的聲音。

而區別鹽與沙子的聲音則需要專注的傾聽。

✈ 變化的形式 〜

和參與者輪流做出節奏。例如依簡單的 2:4 拍的方式，搖動鹽盒二次、豆子盒四次。重複這節奏多次並鼓勵年幼參與者用他的盒子做出相同的節奏。

📯 在這個遊戲中學到了什麼？ 〜

學習如何清晰地說出新生字的主要情境，是能夠聽到並注意到微小的差異。

聽覺敏銳同時也是對話藝術所需的要件！

追蹤字母

二或多人參與

這裡有一個可以讓你的孩子僅僅用活頁紙及彩色麥克筆就可以進行的遊戲。它可以收起來在另一天再玩，或者只進行一次而讓家中充滿幾個小時的歡樂。

材料

⚬ 活頁紙

⚬ 彩色麥克筆

⚬ 選擇採用的材料：二十六張紙；膠帶

遊戲進行步驟

在一張捲起的長條紙上（或是將二十六頁活頁紙用膠帶黏接在一起），讓參與者從 A 開始依序寫出二十六個字母。他們可以使用不同顏色的麥克筆，也可以讓字母有不同的形式。某一些字母可以用圓點的方式、某些字母可以有條紋、某些可以像是西洋棋盤黑白相間的形式、另一些則可以像彩虹一般。將這完成後的成品置於地板上同時進行下列遊戲：

⚬ 依字母順序由一個字母到另一個字母時，以單腳或雙腳向前、向後或橫向跳動。

⚬ 在他們跳動時唱字母歌，而他們跳到字母上時要正好能配合字母歌的節奏。

⚬ 從一個字母跳到另一個指定的字母上，例如從 A 到 F。

⚬ 從 A 開始將眼睛閉上，走到指定的字母上（可以看出他是否能記住每一個字母離 A 多遠）。

⚬ 猜一猜，從一個字母到另一個字母要走幾步？例如，從 G 到 X 要走幾步？在他們猜過之後讓他們親自走一次，以確定猜測是否正確。

⚬ 讓參與者跳到自己名字的字母或其他任何組成單字的字母上。

變化的形式

向你的參與者挑戰，讓他們想出屬於自己的變化形式。

📯 在這個遊戲中學到了什麼？

與純記憶相比，用身體學習字母的順序可以讓兒童對此序列有更強烈的覺知感。當我們需要學習字母的順序時，仍要相當充裕的時間，例如查閱電話號碼簿或字典。我們之中有許多人都需要依賴在內心複述字母歌才能確認 J 是在 L 之前或之後。當你有強烈的內在感覺，正代表你已經知道它了！

二或多人
參與

人體鉛筆

如果你有一個好動的孩子而無法讓他坐下用紙筆練習寫字，這是一個適合你的遊戲。在這個遊戲中，孩子是鉛筆而你是書寫者，或者可以互換角色。筆與書寫者皆有各自的智慧。

🤖 材料

☼ 無

✏️ 遊戲進行步驟

一名參與者站在另一名參與者身後。站在後面的參與者是「書寫者」而站在前面的人是「鉛筆」。書寫者藉由將鉛筆向前後左右移動來寫字。書寫者從開始到停止寫一個字，筆順應相同於用筆在紙上寫字。如果書寫者在開始寫字之前先宣布這是大寫或小寫的字母，或者是用草書或正體字母，對參與者會更有幫助。當書寫者完成之後，由鉛筆猜出寫的是哪個字母。

對那些更進階的參與者，書寫者可寫下三個或更多的字母來拼字，而鉛筆必須猜出這個字。如果鉛筆特別的聰明，書寫者可試著寫下完整的句子！

✈ 變化的形式

☼ **人體紙**：書寫者可以用指尖在參與者背部寫一個字母（或字或句子），就像寫在紙上一般。這張紙必須猜測出這個字母是什麼。

☼ **人、紙與板子**：當書寫者在人體紙的背上寫字母時，讓人體紙同時將這個字母寫在黑板或紙上。

🎺 在這個遊戲中學到了什麼？

擔任鉛筆者正在用身體內在的動作學一個字母的「感覺」是什麼。他的肌肉與關節神經發出訊號讓腦知道，例如 A 這個字母需先寫斜線，再寫另一方向的斜線。就像腳踏車一般，透過身體的學習才能永久的保存習得的結果。

手語字母

二或多人
參與

你會用手指拼字嗎？在美國手語中，你可以運用一隻手作出特別的形狀代表字母表中的字母。這個有特別符號的字母表學起來非常有趣也相當實用。我的女兒和我曾在一個派對的房間中使用它來互通訊息（「我們離開吧！」）。

在這個遊戲中，創造出屬於你們專有的手語也非常有趣。

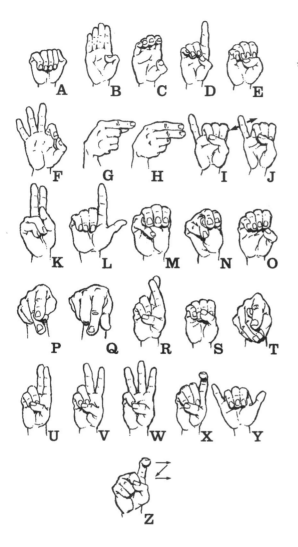

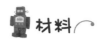 材料

☼ 無

遊戲進行步驟

與你的孩子輪流用手指做出字母。其他參與者必須猜出你們在做哪個字母。

在這個遊戲中學到了什麼?

參與者學習去思考做出每個字母的成分為何:哪裡應該彎曲?哪裡又得伸直?

他們同時也經驗到控制手指的小肌肉,而且有機會在他的思想中進行創作。

團體
活動

用身體拼字母

寫字並不一定是一成不變的活動。在這個動態的遊戲中,每一個人都能參與其中!

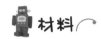 **材料**

☼ 無

遊戲進行步驟

參與者可自行組成團隊，單獨或與隊友共同利用肢體形成一個字母；其他參與者則需猜出這個字母是什麼。舉例來說：E 可能需要四個兒童合作組成：一人作垂直線，其他三人則是水平線。

變化的形式

在不告訴其他參與者的情況下，其中一位參與者可安排其他成員的位置以形成心中的字母。擔任字母的成員需猜出這是哪個字母。

更進階的團體可利用身體字母形成文字。他們可每次排出一個字母，或者團隊成員較充裕時，可同時排出完整的單字。參與者可能需要躺下以形成完整的字母；其他字母則可能需要參與者跪、坐或站。

 在這個遊戲中學到了什麼？

在這個遊戲中需要利用到身上所有的肌肉——一個學習字母的優良方式是用完整的「你」來學習。

團體
活動

組合出你的字

我曾經受邀參與一個有許多發表人的研討會。每一位發表人發表的會議室其實是一間更大會議室的一部分，但是用薄薄的隔板隔開。我並未意識到那兒缺少有效阻隔噪音的遮蔽物，而我帶領的團體如往常般地遊戲、嬉鬧並咯咯大笑。

幾個月之後，我想在新墨西哥州的一個研討會舉辦工作坊，我便與一位曾經給我名片的大學教授聯絡試探可行性。我並不認識她但是她立即就認出我來。她說：「我曾參與過一個研討會就在您會議室的隔壁，而我一直聽到每位參與者都有美好的時光，我也希望我曾選擇您的工作坊！」她邀請我成為研討會工作坊的主持人。

歡笑帶來各式各樣的獎勵。在歡笑中學習本身就是一種獎勵，而這一個在先前研討會進行的遊戲之一總是能帶來咯咯的笑聲。

材料

✿ 英文複合字的清單
✿ 一張紙
✿ 筆或鉛筆

遊戲進行步驟

將參與者分開成為數個小團體或二人組成的友伴。提供每一個

小團體一張寫有複合字的活頁紙，例如寫有「windmill」（風車）或「paperback」（平裝本）的紙。這些團體先利用一點時間想出如何表現組合此複合字的兩個字，例如團隊成員可以一人表演複合字的其中一個字。當所有的團隊都準備好了就坐下來。然後一個團隊接著一個團隊表演出他們隊伍的複合字讓其他參與者來猜。

這裡有一些現成的複合字可以運用：

doorknob, mailbox, redwood, chalkboard, seashore, flashlight, waterfall, seashell, butterfly, raincoat, grasshopper, flytrap, bathtub, mousetrap, knothole, airplane, teacup, dragonfly, rainbow, teardrop, paintbrush, toothbrush, staircase, snowfall, snowman, carpool, moonbeam, sweatshirt, armchair。

在這個遊戲中學到了什麼？

兒童學習到某些較長的字是由二個較短的字組成，如此可以幫助他們分解較長的字。

這個遊戲也教我們幾件大事，其中之一是如何運用個人的創造力來找出以非語言傳遞訊息的方式（當你到不會說當地語言的地方旅遊時，這是一項特別重要的技能）。

孩童同時也獲得在他人面前起身與表演的經驗。成為注意力的焦點並讓所有人的眼睛盯著你看，是我們面對最具壓力的情境之一。然而，成功地在公眾面前演說也是一種高度自尊的根源，幾乎沒有一件事會比你知道自己可以走到公眾面前並擺脫壓力更令人感到滿足的了！表演出複合字可以讓參與者有成為「明星」的信念與經驗，同時感受到成功。

遮陽簾的押韻遊戲

　　我曾經隔著辦公室櫃子找一大張紙。我想我曾在那兒看過某些捲起來的紙張。結果我發現一個壞掉的遮陽簾，而我想到的是「太完美了！現在教孩子學習押韻的遊戲，不會只跳個一到二次就不能玩了。它可以整齊的收藏起來並一再的玩」。

　　如果你沒有遮陽簾，利用紙捲或海報板也可以，它們也非常耐用。

 材料

✿ 遮陽簾、紙捲或海報板
✿ 蠟筆、顏料或粗頭麥克筆

遊戲進行步驟

　　在遮陽簾或紙張上畫下字母表。請每一位參與者在唸到「fat」這個字的開始字母（f）時雙腳或單腳跳一次。然後讓他跳到其他可與「fat」這個字押韻部分合成一個單字的字母上。

　　其他押韻的單字還有：

韻尾	範例
AT 韻	fat, cat, mat, bat, sat, hat
AN 韻	can, fan, pan, man, tan, van, ran
AP 韻	tap, rap, sap, lap, map, cap, nap
AG 韻	rag, nag, bag, sag, wag, tag, hag, gag, zag
AD 韻	bad, pad, mad, dad, had, sad
AM 韻	Sam, ham, ram, jam, Pam, yam
IN 韻	fin, win, bin, pin, kin, tin

IP 韻	dip, hip, lip, nip, rip, sip, tip, yip, zip
EN 韻	den, hen, men, pen, ten, yen
UG 韻	bug, dug, hug, jug, lug, mug, pug, rug, tug
UT 韻	but, cut, gut, hut, jut, nut, rut
UN 韻	bun, fun, nun, pun, run, sun
OG 韻	bog, cog, dog, fog, hog, jog, log
OT 韻	cot, dot, got, hot, jot, lot, not, pot, rot
IT 韻	bit, fit, hit, kit, nit, pit, sit, wit
EG 韻	beg, leg, peg
ET 韻	bet, set, let, get, jet, met, net, pet, wet, yet
OP 韻	cop, hop, mop, pop, top

📯 在這個遊戲中學到了什麼？

押韻、發音與字母順序都會在這個遊戲中增強。如果你讓孩子用單腳而非雙腳跳，因為用單腳跳需要作體重的分配與身體的安排以找出新的平衡點，所以他們也會同時練習到平衡能力。

適合所有年齡的遊戲

熱球／冷球

孩子們在團體中來回地傳球會很容易變得枯燥乏味。你可藉著改變傳球的方式將遊戲加料並重新充滿能量。我稱此遊戲為熱球／冷球，而且這只有兩種方式……。

團體
活動

Smart PLAY

材料

✿ 球或者可以用來丟擲的物品

遊戲進行步驟

　　一名參與者當發號施令者，而這個人必須在開始前向大家說明每一個命令的意思。發號施令者可以依其意願做出新的變化。

　　所有參與者圍成一個圓後再將球在圈內互傳。當發號施令者喊出「熱球」時，參與者應盡可能快速地將球舉手過肩投擲給其他人。

　　如果發號施令者喊出「冷球」時，參與者在指令改變前，應輕柔緩慢地將球低手地傳給其他參與者。

　　當發號施令者喊出「彎曲球」時，參與者應舉起一隻腿並將球由腿下方傳給其他人。

　　當發號施令者喊出「旋轉球」時，參與者必須先在原地轉一圈再傳球（你也可以喊「熱旋轉球」或「冷旋轉球」）。

　　當發號施令者喊出「聲音球」時，參與者必須先發出聲音再傳球。

　　參與者較年長時，發號施令者可以喊出像「聲音熱旋轉球」，此時參與者接到球後，在原地轉一圈，發出聲音同時快速地將球舉手過肩傳給其他人。

變化的形式

　　發號施令時有許多種的可能，同時在球的選擇上也有諸多的選擇。網球代表與海灘球不同的遊戲。然而，誰說一定要用球呢？捲起來的襪子、打結的圍巾也可使用，這使得這個遊戲可以隨時隨地的進行。

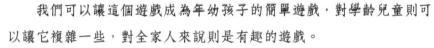

🎺 在這個遊戲中學到了什麼？

學習真正的傾聽確實是一項重要的技巧。我們讓所有參與者獲得如此的經驗：我們聽到別人在對我們說話，但是幾分鐘後我們了解並不知道說話的內容。我們的耳朵可以聽到聲音，然而如果我們的大腦沒有同步投入，那我們並沒有傾聽。

這個遊戲促使參與者維持傾聽、心智活動及身體的變化，以便於接收指令後能立即回應！

類別的投擲

團體
活動

我們可以讓這個遊戲成為年幼孩子的簡單遊戲，對學齡兒童則可以讓它複雜一些，對全家人來說則是有趣的遊戲。

或許你以前曾玩過類似的遊戲，開始時所有人圍成一圈拍手，突然間改變了拍手的模式而輪流說出某種類別（如花或城市）的例子。在這個遊戲中的概念是保留押韻的部分，同時只在你們突然改變成彈手指時才需要說出類別的名稱。

這樣的改變會更容易一些。你只需要丟一顆球即可。

🤖 材料

✿ 球、豆袋或任何容易接到的東西

✏️ 遊戲進行步驟

參與者圍成圓圈坐下，不過這個遊戲也可以由兩個人玩。

先決定一種類別，例如花的種類、樹的種類、形狀的名稱、行星的名字、美國各州的名字、國家的名字、由木頭製作的物品、傢俱的種類等等。

舉例來說，我們決定的種類是電影。將球或豆袋交給第一名參與者，第一名參與者說出一部電影的名字後，將球丟給另一名參與者，接到球者再說出另一部電影的名字；持續丟球直到所有參與者都輪流過或沒有人可想起其他名字為止。

變化的形式

這個遊戲可變化的主題是無窮的。

你可以在一個剛剛熟悉的團體中進行這個遊戲；這是一個讓成員彼此更了解的方式。類別可以是我曾去過的地方、我希望去的地方、我喜愛的食物、我討厭的食物、我從事的運動、我觀賞的運動、我從未錯過的電視節目、讓我悲傷的電影等等。

你也可以改變丟球的方式。可以用滾動的、用腳踢或拳頭搥或是創造一個像是必須用右手丟球左手接球之類的規則。

用來丟擲的球也可以作變化。可以用較大的健身球、海灘球或網球，或是容易接捕的物品，如圍巾、豆袋或填充的泰迪熊。

在這個遊戲中學到了什麼？

參與者可以獲得稱呼名稱與理解的經驗，他們同時也練習了磨練其聽覺與記憶技巧。他們必須注意哪一種名稱已有人說過了，以免再重複它。分類是比配對能力更進一步的表現，除了只注意兩件事的相似性之外，參與者必須要從一整群的事件中意識到相似性。

字典遊戲

團體
活動

　　我的女兒瑪莉莎在一次家庭聚會將這個遊戲帶進來。它是如此的有趣，而且只需要一本字典及一些創意。

　　每一個年齡層的人都可以學會一些新字。我學會的一個新字是德文中的「幸災樂禍」（schadenfreude），它所代表的的意思是「由他人的不幸中獲得樂趣」（在字典中以「惡意的樂趣」描述此字）。先前我從未聽過這個字，但在那之後有一天我閱讀《時代》雜誌（*Time*）時，它就在某篇文章的標題中。多有趣的巧合啊！

 材料

✿ 字典
✿ 鉛筆
✿ 紙

遊戲進行步驟

　　每位參與者輪流翻閱字典找出一個他未曾聽過而其他參與者也可能沒聽過的字。

　　當每位參與者找到一個字並將正確的字義寫在一張紙上後，遊戲即可開始。

　　其中一位參與者說出他的生字，同時其他參與者寫下這個字的意義。既然通常沒有人知道這個字義的線索，弔詭的地方便是寫下聽起來像是這個字的真正意義卻愚弄了其他人。

　　然後知道這個字真正意思的人蒐集所有人寫下的紙片（包括真正的字義）後大聲的唸出來。其他參與者則表決何者才是新字的真正意思。

如果你希望計算分數，能夠用語義定義騙過某些參與者的人可得一分，任何猜對正確字義者可得三分。

我們也會給那些對生字下最搞笑定義的參與者一分。

✈ 變化的形式

進行這個遊戲而不計分。只要參與者輪流查字典上的生字讓所有參與者猜出字義。

🎺 在這個遊戲中學到了什麼？

所有參與這個遊戲的人都會擴展其字彙能力，藉由製作出字義的方式，他們也擴展了自己的創意。

然而，可能最重要的是：這個遊戲提供參與者一種愉悅的方式與他人共同使用某些事物，而這樣的愉悅可單純的來自一本字典。

PART 3

增進數學技能的遊戲

數學技能包括了運用心智處理邏輯問題與方程式的能力，同時也能了解數目字彼此之間的關係。數學技巧可能是最為大家了解的一種認知技能，同時個體也常在選擇題型的標準測驗中見到它。具有優秀數學能力的個體能夠完成複雜的數學問題，也能快速地處理邏輯問題。

所有這些技能聽起來都令人印象深刻，但是必須從某一點開始培養。在學習數學的基本層次上，兒童必須有數算的能力，能辨識數目字，能作出估算，能進行加法、減法的運算，同時能理解簡單的概念，例如 1 代表一個單位，而 2 代表二個單位。

這些遊戲利用許多不尋常的方式（戲劇、呼吸、吸管與武術！）來教導兒童基本的數字概念。

6歲及6歲以下兒童的遊戲

一或二人
參與

吸管的數算

這一個簡單的活動，會讓你的孩子受到吸引而專注在此活動上比預期更久的時間。我總是驚訝於不同年齡的孩子們希望進行這個放吸管到空瓶中的遊戲。它必定滿足我們所有人深層的願望：開始一項工作並看到它如此乾脆的結束。

當你與孩子坐下玩這個遊戲時，你們可以計算每一個存入瓶中的吸管並強化數算的記憶力。

材料

☆ 剪刀
☆ 吸管
☆ 250 毫升的空塑膠瓶

遊戲進行步驟

將吸管剪成小段，大小依兒童年齡而定。這小段吸管必須夠大到讓孩童不致吞入，對學步兒而言，我剪下大約二‧五至五公分。

將瓶子的蓋子取下並讓孩子知道他如何將每一段吸管投入洞口中。在他將吸管投入時，同時數算每一段吸管。

當你的孩子更了解這種技巧後，可藉著在瓶蓋上挖出比吸管稍大的洞來增加難度。

✈ 變化的形式

讓你的孩子將鈕扣投入麥片盒或鹽罐中。在盒頂做一個活門以便投入東西。或是你可以在他將錢存入小豬撲滿時計算數量。

然而，必須要注意不要讓孩子將上述材料放入口中。使用吸管時可以剪成長段以避免窒息。

🎺 在這個遊戲中學到了什麼？

除了練習數算（計數）能力之外，孩子獲得早期的眼手協調能力，他們的眼睛引導小手將吸管投入瓶中，他們將很快學習到如果眼睛看向其他地方便無法將吸管投入瓶中。

除此之外，這是讓孩子練習專注於作業並完成它的另一個機會，這個技巧對他終身都很重要。

你可以運用罐子

二或多人參與

鋁罐容易取得且是良好的遊戲材料。在你回收鋁罐之前，嘗試這個有趣的保齡球及數算遊戲，並充分利用每一個鋁罐。然而，如果你希望在歡笑時又不致太吵鬧，利用塑膠瓶也可行。

🤖 材料

✿ 空鋁罐或空塑膠瓶
✿ 海灘球或豆袋或其他球

📎 遊戲進行步驟

將一些罐子堆在其他罐子頂部，或是用六至十個罐子排成如保齡球瓶的金字塔形狀。讓你的孩子依其技巧水準站在排列罐子處六十至一百八十公分遠處，同時將海灘球向罐子滾過去，計算有多少罐子落下。讓他們有最多的機會擊倒所有的罐子，然後在下一輪幫你一起堆罐子。

如果你沒有海灘球或塑膠球在手邊，那就利用豆袋讓孩子朝罐子投擲。如果你沒有豆袋，就利用乾豆子放入襪子尖端，並在頂端打結即可。

✈ 變化的形式

將每個罐子以紙張包裹並寫上數字。將罐子排成一列並指示孩子瞄準 2 號罐子（舉例來說），或者針對不同的學習者，簡單說出：「哇！你擊倒 2 號與 5 號罐子！」

對較年長的學習者來說，記下他們擊倒的罐子並讓他們加總。「我們來看一下，你擊倒 3 號、4 號與 7 號罐子。讓我們來看看你這回合的得分！」

如果你有不同年紀的兒童，你可以指定他們不同的工作或讓他們輪流玩。例如年幼的孩童可以說出數字，年長的孩子可以作加法運算，中間年齡層的孩子（已知自己的數字但不會作加法運算）可以協助堆

罐子以準備下一回合。孩子喜愛有自己的頭銜,所以做加法的小朋友是數算王,堆罐子的是堆罐子爵士,投球的是王牌投手。

📯 在這個遊戲中學到了什麼?

孩子正在學習眼手協調以及體會出運用幾分力量才能擊倒最多的罐子。他們在學習如何數算自己擊倒的罐子。他們同時也藉由堆疊罐子學習彼此幫助,以及在堆疊或排列罐子時所需的協同工作。

如果你進行變化的形式,兒童也可以學到辨認數字與加法。如果他們要求依數字順序排列罐子,他們也在學習數字的順序。

穀片項鍊

二或多人參與

像串珠子成為項鍊,串東西需要手指操作的精細運動技巧。在這個串珠活動中,孩童也會在完成後計算他們的珠子。但最好的部分是孩童可以整天咀嚼他們完成的項鍊。

材料

☼ 紗線、絲線或釣魚線
☼ 在中央有洞的穀片(cereal)

✏️ 遊戲進行步驟

給你的孩子一段紗線、絲線或釣魚線,長度需要在綁起來時可以讓他的頭部通過,同時讓他將一些穀片穿在線上。

如果你用紗線或絲線，可以用一點膠帶在線頭部分黏一下，使它夠硬好讓孩子比較容易地穿過穀片中央的洞。當孩子將項鍊做好時，將線的兩端綁起來。

讓孩子算一下有多少穀片粒在線上。在當天稍晚於穀片被吃完之前，算一下有多少穀片留下來，看看孩子是否知道有多少穀片被吃掉了？

✈ 變化的形式

如果你希望項鍊保存久一些而不是會被吃掉的物品，穿一些如鈕扣、小段吸管或是通心粉及其他中空通心麵形狀的東西。

除了絲線或紗線之外，你可以將水管清潔刷扭成圓形以適於戴在手指或掛在耳朵上。

🎺 在這個遊戲中學到了什麼？

孩子練習數算的能力，同時開始形成減法的概念。在這個例子中，我們用「吃下去」取代「拿走」。

孩子同時也獲得練習精細動作的機會。

一或兩人參與

猜猜是誰？猜猜是什麼？

你可以看一張圖片的少部分而猜出整張圖片是什麼嗎？這就是這個遊戲的挑戰。與你的孩子輪流當猜題者，或讓孩子們配對並輪流選擇圖片、猜出答案。

材料

✿ 剪刀
✿ 紙張
✿ 雜誌

遊戲進行步驟

　　將一張紙水平剪成條狀，但保留左方邊緣連在一起。這個道具就是圖片的遮蔽物。

　　將圖片的遮蔽物放在雜誌的圖片上，同時一條一條地逐步掀開這些紙條，觀察你的孩子能否猜出這張圖片是什麼。改變放置道具的位置，再請孩子挑一張圖片讓你猜。

　　藉由攜帶一本雜誌和這個道具，你會有一個在旅行途中等待時立即可用於打發時間的遊戲。

變化的形式

　　利用孩子熟識者的照片並觀察他是否能認出照片中的人。

在這個遊戲中學到了什麼？

　　孩子正在學習「整體是由較小的部分組合而成的」這個初期的數學概念。在這個遊戲中，他們看到一個完整的圖片是由分開的部分組合而成，而且每一個部分都是必須的。

　　我們以整體的觀點了解這個概念是很棒的一件事，因為它將使我們意識到整體中的每一個人都是必須的部分。

Smart PLAY

6 歲及 6 歲以上兒童的遊戲

一或二人
參與

數算呼吸

這個數算與加減的遊戲聚焦於呼吸。它有舒緩身心的附帶作用，而孩子們總是能由此獲益。

遊戲進行步驟

利用馬錶或計時器以標記每一分鐘，讓每位孩子數算這一分鐘內呼氣與吸氣的次數。

然後讓參與者繞著房間跑、跳或進行有氧運動二至三分鐘以便使他們心跳加速。

現在讓參與者停止活動並再次計算呼吸。

讓參與者由呼吸次數較大者減去較小者以了解其中的差異。

變化的形式

當安靜坐下時，讓參與者計算其呼吸一分鐘。然後請他們有意識地減緩呼吸頻率並感受完全地放鬆。在五或十分鐘後，再次計算一分鐘內呼吸的次數並與先前的數字作比較。

在這個遊戲中學到了什麼？

較小的孩童正在練習他們的數算能力，同時他們意識到數字 1 代表某樣東西的一個單位，數字 2 代表二個單位……。

較年長的兒童有機會了解並以有意義的方式運用減法技巧。

所有兒童正在學習他們能夠有意識地控制自己的身體。即使我們認為呼吸是無意識的自主反射動作，我們仍然可以觀察到自己能夠運用在動與靜之間對呼吸的影響。

用武術學數學

二或多人參與

曾有群青少年對著我的同事 Sandy 以西班牙語喊「教我們功夫」。Sandy 並不會分辨功夫與富士蘋果這兩個英文字的差別，但是因為她的亞裔特質，他們認定她會。

我們在宏都拉斯一間稱為「Nuestros Hermanos Pequenos」（我們的小兄弟；西班牙文）的大型孤兒院，在那兒我與 Sandy 舉辦一場論述應用於學術性教學的肢體遊戲的工作坊。

Sandy 解釋她不懂功夫為何，但男孩子們並不了解這一點。他們希望當下便能學習功夫！最後 Sandy 放棄向他們解釋同時讓他們面對她排成一列。首先，她表現出最佳的東方式禮儀向他們鞠躬，而男孩們也向她回禮；然後教他們她唯一知道的招式：側踢，即以單腳躍起並用另一腳儘量向上踢。她舉起自己的手讓男孩們有一個較高的瞄準目標。在這次練習後，數學遊戲即將開始。

遊戲進行步驟

讓參與者輪流解答一題簡單的數學問題。數學問題的難度應依參與者的年紀作變化。例如年幼的兒童可以作 4 ＋ 3 或 10 － 2 之類的問題，而較年長的兒童則可以給他乘法或除法的問題。

Smart PLAY

一旦參與者知道了正確的答案（如果有必要，可以讓他的朋友協助），可讓他藉由在房間內側踢的次數來回答這個問題。

✈ 變化的形式

除了單純的使用空手道招式之外，你也可以運用芭蕾舞或其他舞步，而參與者只可以用動作回答問題：「若要回答 8 除以 2 這個問題，需要幾個恰恰舞步？」

🎺 在這個遊戲中學到了什麼？

當兒童用動作回答數學問題時會比較專注。年輕的身體好動。如果你知道更多的空手道招式，或不同招式的對打方式，你的孩子也可以學到夫妻之間（相處）的藝術或舞步（譯註：即一方前進，另一方需後退）。

數學故事

團體
活動

正如許多優秀的講師會告訴你的，如果希望聽眾能記得你的論點，將它編成故事。在教兒童某種概念時也一樣。如果兒童能看到、

聽到或以故事的形式表現出來，他們會更喜愛去了解並牢記這個概念。運用這個故事協助兒童理解加、減法——或者編一個你自己的故事。

如果你在家中進行這個活動，而沒有整班的學童，就利用其他的物品，如洋娃娃、可活動的塑像、紙偶或是手指等做為「道具」。

遊戲進行步驟

故事是由一個人物開始的，然後持續加入其他人以教導加法。這個故事的一部分是來自於我女兒羅珊在七歲時，要進入新學校的前一天所發生的事。有一種因應策略讓她能平復因進入新學校而引發的不安，同時也能協助她入眠。

從前有一個叫作安娜的女孩將要進入一所新的學校。在那兒她並不認識任何人，而且她也擔心不會有任何可以一起遊戲的朋友。

所以她想出了一個計畫如下：

如果她只交到一位朋友（帶入一名孩子走近「安娜」），而這名新朋友有一位朋友（加入另一名孩童），這樣安娜將會有二位朋友。讓我們數數看——1、2。

現在，如果第二位朋友也有一位朋友（另一名兒童進來），這樣安娜將會有三位朋友。讓我們數數看——1、2、3。

如果第三位朋友已交到一位朋友（加入另一名兒童），這樣安娜就會有四位朋友。讓我們數數看——1、2、3、4。

持續這樣的過程，直到你希望參與者學習到的數字，或是視團體中有多少參與者（或洋娃娃）而定。你可在希望結束時說：

因此這位小女孩不再擔心了，因為她有 10（或任何結尾的數字）位新朋友。

如果你希望，你可以運用此方式教減法運算。

在玩過一陣子後，一位朋友必須離開去上她的舞蹈課程（一名參與者離開），所以安娜只剩三位朋友。讓我們來數數看——1、2、3。然後，另一位朋友必須去練習足球（另一名參與者離開），所以安娜只剩二位朋友。讓我們來數數看——1、2。然後，另一位朋友回家去陪伴剛出生的妹妹（另一名參與者離開）。讓我們來數數看還有幾位朋友留下來——1。

安娜和她的朋友當天一直玩遊戲，因為即使只有一位朋友，也是非常美妙的事。

✈ 變化的形式

創造出任何你喜歡的、對應數字的故事。

你也可以用孩子熟悉的歌曲唱出來，舉例來說：

十隻小猴子在床上跳躍

有一隻掉下來又撞到頭

猴媽媽找來的醫生說

不要再有猴子在床上跳躍

九隻小猴子在床上跳躍

（重複上述歌詞並持續減去一隻，直到）

不要再有猴子在床上跳躍

對稍年長的參與者，他或你們可以創作關於較大數字的故事（16
名長號演奏家遇到 6 隻打鼓的猴子及 2 隻演奏五弦琴的非洲食蟻獸。
試試看他們可組成多大的樂團？）。

🎺 在這個遊戲中學到了什麼？

兒童可在非常年幼時從 1 數到 10，但這不代表他們了解 1 代表 1
件物品，而 2 代表 2 件物品的概念。將這類的故事演示出來，使得概
念真實化的同時也可以引入加、減法的概念。

依估計數算

在罐子裡有多少顆軟糖？在舞會中有多少人？在我們的生活中，
有許多情境需要用到估算的能力。在這個遊戲中，我們提供參與者一
些估算物品的經驗。

🤖 材料

✿ 一大碗乾的豆子或相似的物品

✏️ 遊戲進行步驟

放一碗乾豆子在桌上。參與者用手抓一些乾豆子在手中並保持握
拳在面前的動作。然後，不要看自己或他人手中的豆子，每位參與者
猜一下所有參與者手中豆子的總和是多少。

或者他們可以只猜測總數是奇數或偶數。

其中一名參與者數算這些豆子，以確定誰猜到正確的總數（或最
接近正確數字），或誰猜對了奇數或偶數。

Smart PLAY

如果只有少數的參與者，兒童可以學會惡作劇般的假裝拿了滿手的豆子，實際上卻只有拿一些，就像「手比眼睛更快」之類的小把戲。

✈ 變化的形式

☼ 參與者可以猜測在碗中共有多少粒豆子，然後取出它們數算看看誰的猜測最接近正確的數字。

除了豆子之外，你也可使用鈕扣或硬幣。我認為你也可以利用小糖果，但是當糖果愈來愈少，這個遊戲可能會愈來愈混亂。硬的糖果比較好，因為它可以在吸吮時延續較長時間。

☼ 鼓勵兒童在生活中估計其他東西的數量。例如：他們可以在走路之前猜測需要走多少步。（如果爬樓梯是一條漫長的路，猜測並數算階梯可以讓爬樓梯更像是遊戲，而減少疲累的程度。）猜測在房間中有幾扇窗戶或是有多少幅圖畫掛在牆上。當你在某處等待而且需要讓彼此高興時，這是一個打發時間的有效方式。

📯 在這個遊戲中學到了什麼？

孩童正在學習數算。他們學習做出關於數量的、有教育意涵的估算。他們同時也正學習什麼是奇數或偶數。

許多關於數字的遊戲

團體活動

關於這個遊戲最棒的事就是：你可以有許多種方式進行，所以不同年齡與技巧水準的參與者皆可一起參與。每一位參與者都會有自己的挑戰要面對，而每個人也都會贏。

材料

☼ 不同顏色的麥克筆

☼ 紙

☼ 膠帶

☼「軟球」：例如豆袋或揉成一團的報紙（見 p.129 的軟球遊戲列出的不同型態的軟球）

遊戲進行步驟

在進行這個遊戲時，如果你只有少數的孩童參與，可採取簡單的方式。在與較大團體進行此遊戲時，則可採用較為複雜的方式。在此列出的是較為簡單的方式，在變化的形式中則列出較複雜的方式。

在不同的紙張上寫下從 0 到 9 的數目字。利用不同顏色的麥克筆，這樣你就會有例如紅色的 1、藍色的 2、綠色的 3……等道具。

在牆上不同的位置貼上這些數目字。

給第一位參與者一顆球，它是像豆袋、或是由報紙製作的軟球，再告訴參與者將這個球擲向特定的數目字。你的指令應該依照參與者的年齡與技巧水準而有所變化。

下列是一些可以參考的指令：

☼ 將球丟向紅色（或藍色、綠色……）數字。

☼ 將球丟向數字 4（或 6、2、5……）。

☼ 將球丟向偶數。

☼ 將球丟向奇數。

☼ 將球丟向那些和起來等於 24 的數字。

☼ 將球丟向那些和起來等於 240 的數字。

☼ 將球丟向 2 ＋ 3 之總和的那個數字。

☼ 將球丟向 5 － 3 之差的那個數字。

Smart PLAY

✿ 將球丟向 2 × 3 之積的那個數字。

✿ 將球丟向 6 除以 3 之商的那個數字。

✿ 將球丟向與羅馬數字 IV 相同的數字。

✿ 將球丟向組成 3,447 的數字。

✿ 記住這些顏色的順序——紅色、綠色、藍色。依序將球丟向這三個顏色。

✿ 記住這些數字的順序——2-7-4-9。依序將球丟向這 4 個數字。

✿ 將球丟向 4 的平方根那個數字。

　　一旦參與者了解遊戲的規則後，便可以相互提問。你可讓大姐姐指導年幼的弟弟（例如：路易，去拿那顆球並將它丟到紅色的數字上……就在沙發那邊。）

✈ 變化的形式

　　這種遊戲方式看起來比較複雜，並不完全是它需要比較多的參與

者，而是因為需要較多的準備，同時藉由讓參與者拿著目標數字的動作加入了「冒險」的元素。

將紙盒剪開成為許多張紙板。正如上述的遊戲，利用不同顏色的麥克筆在每張紙板上寫下不同的數字，使每個數字都有各自的顏色。

除了丟球的那位小朋友之外，每一位參與者都在胸前拿著一張數字卡。這些參與者彼此肩並著肩，同時面對丟球的那位小朋友排成一列。

利用上述參考的指令，給每位丟球的小朋友一項指令。例如：你可以說：「將球丟向 2 ＋ 3 之總和的那個數字。」而丟球者與拿著數字 5 的小朋友都應該知道答案是 5。因為拿著數字 5 的小朋友，必須在球丟向自己時用數字板保護自己，所以他必須知道答案。

讓「軟球」打中並不會受傷。如果有參與者丟出力道很強的快速球，不需要責備他。用力投出快速球是一個很好的技巧。在地上放一張紙或地毯，標示出投球者站立的位置。對於那些投出快速球的參與者，將站立的位置向後移幾尺。若參與者丟出力道不足的球，將站立的位置移近目標一些。參與者並不會介意將站立處移動得近或遠一些。我會告訴他們：「這是你的位置。而這是你的……」。每一位參與者都能意識到某些人比其他人強一些。

我發現兒童喜愛這個遊戲，因為它比坐在教室中演算數學並寫出答案的演練技巧的方式，更能引發內心的悸動，而且可能更容易記憶。如果有較多的肢體動作融入其中，我發現學生們會比較希望練習數學運算！

如果你希望進行這個遊戲而不要有任何被球打中的「危險」因素存在，將紙盒的紙板剪成三張連在一起的形式，以便它能自行的站立在地上。

Smart PLAY

將這自行站立的紙板排在參與者面前，再讓每一位參與者輪流丟球。

如果參與者將球丟向錯誤的數字，不要將它視為嚴重的錯誤。只需要指出正面的部分，例如「丟的很好！很好的嘗試。」或是「你了解我的意思了，但是這裡才是數字 4。丟向這個數字。來吧！」

或者你可以將數字板貼在地板上，同時給參與者相同的問題，然而我們不用將球丟向正確的數字，我們讓參與者跳到答案上。

📯 在這個遊戲中學到了什麼？

這個遊戲將數學課程裝扮成為有趣的方式。投球的參與者正在練習眼手協調的能力，同時學習到注視著自己的目標，以便能更準確命中目標。拿著數字板的參與者也能學習到珍貴的技巧。他們正在練習聚焦，這就是說他們正在將注意力集中在此時此刻。他們也在學習如何判斷來球的速度與方向，以便預知球的落點，同時利用手上的紙板保護身體。關於他們判斷力正確與否的回饋，你馬上就能知道。

適合所有年齡的遊戲

團體活動

時鐘先生，時鐘先生

如果你還不知道這個遊戲，你將會很高興學到這個遊戲。它總能讓小朋友得到非常大的成功，甚至對那些你認為年紀太大的人，仍有同樣的效果。這種普遍性的感染力讓它成為混齡團體的理想遊戲。在下一次的生日或家庭聚會中嘗試一下，你將會有一個難忘的經驗。

遊戲進行步驟

　　一列參與者站在房間或場地的一端，另一端則是單獨一個人。這個單獨的人就是時鐘先生（或小姐，視參與者的性別而定）。

　　團體一起大喊：「時鐘先生，時鐘先生，現在幾點了？」然後時鐘先生說：「十點」（或任何他喜歡的時間）。然後團體同時一邊數算，一邊朝向時鐘先生走十步。團體再重複問幾點鐘的問題，而時鐘先生持續提供不同的答案，直到團體離他非常近。然後，在任何時間點，時鐘先生可以回答「午夜」，這個答案是所有參與者瘋狂逃回開始線、避免被時鐘先生抓到的線索。任何被時鐘先生抓到的參與者，就成為時鐘先生的一員，一起去抓其他人。直到最後沒被抓到的參與者，他便成為下一輪的時鐘先生。

我發現產生一群時鐘先生時，孩子們應輪流回答幾點鐘，否則總是由最大聲的孩子主導答案，而且最興奮的孩子總是在其他參與者仍離自己很遠時，便過早喊出「午夜」。如果我加入時鐘先生這邊，我便可以去觸摸輪到下一個回答幾點鐘的、時鐘先生的肩膀。如果時鐘先生說出諸如「5 點 30 分」之類的時間，我們知道這代表五步半！

✈ 變化的形式

除了時鐘先生之外，也可以使用狼人先生、袋鼠先生或老虎先生。兒童進行袋鼠先生遊戲時，可用跳躍的次數取代步數。兒童進行老虎先生的遊戲時，可能會突然躍起。而逃跑的訊息可由「午夜」改為「晚餐時間」！

🎺 在這個遊戲中學到了什麼？

這個遊戲主要的目的是每一個數字代表相應的步數；數字對兒童來說並不只是用來記憶而已，而是代表一些具體的動作。

成為時鐘先生的兒童，學習到等待最好的時機才叫出「午夜」這兩個字，這可能是他們學習做長程規劃的第一個經驗！

而且最好的一點是，他們有奔跑的好理由。

一或兩人
參與

需要多少步？

當你和小朋友從某處走到另一個地方時，有時它會成為相當麻煩的工作。小朋友可能喜歡到處遊蕩或分心，或無法忍受走那麼長的距離，同時也拒絕讓步。這個遊戲可協助孩子保持專注及走動。

我必須承認，有時當我不想走一段不得不走的遠路時會玩這個遊戲，即使沒有兒童與我同行。

遊戲進行步驟

猜猜看，當你由某處走到另一處時需要走多少步？如果是較年幼的孩童，將到達目的地之前的路程分開成為幾個較小的階段。從這兒到轉角需要走幾步？然後，從那轉角到消防栓要走幾步？參與者先猜測，再確認真實的步數。

參與者可以個別的數算，但是大家一起數比較有趣。

如果是較年長的兒童，每一個人猜測一段較遠距離需要的腳步數；例如這三條街到停車場的距離，要走 400 步或僅需 150 步？你玩愈多次，你的猜測會愈準確。

和較年長的孩子一起玩時，你也可以算出有多少小朋友的腳步是 30 公分，然後計算他們走了幾公尺。而它又是多少公里？

變化的形式

如果你是單獨一人或不在乎看起來有些愚蠢，你可以說「有多少個巨人的腳步？」或「有多少個嬰兒（足跟至腳趾）的腳步？」然後試著以這種方式走。並不僅是因為這種方式可能轉移孩童的注意力，也因為這種方式可以增強孩童區分大與小的能力。

你也可以因為這遊戲的趣味性而在屋內玩此遊戲。你認為從前門到後門需走多少步？用嬰兒步需走幾步？用巨人步需走幾步？哪一個距離需要走更多步？是從沙發到廚房桌子的距離，或是從躺椅到衣櫃的距離？

在這個遊戲中學到了什麼？

兒童正在學習估計長度與距離，同時在發展長度與距離的內在知覺。較年幼的兒童在數算方面有練習的機會，而所有參與者都可學習到將較長距離步行縮短的方式。

二或多人參與

利用手掌做測量

測量在布尺或直尺引入前即已存在。許多不同的文化利用身體的一部分來量測東西，當然，這是為何我們仍使用「英尺」（feet；腳）」作測量單位的原因。我們仍有許多時機可以利用肢體來丈量，例如你會好奇「這張桌子是否能放在沙發旁邊的空位」。讓你的孩子了解手掌測量的藝術，可以讓他們在測量方面有一個好的開始，而隨「手」可得的方式也是當量尺無法取得時的解決方式。

遊戲進行步驟

教你的孩子如何利用他們的手掌來丈量不同的東西。一張桌子、一本書、一枝鉛筆各是幾個手掌長？讓參與者估計某件東西是幾個手掌長，然後讓他們用自己的手掌來確認其猜測的精確性。提示他們：若一隻手比較大，則它的手掌數會變得較少而成為不一樣的手掌量數。

變化的形式

✿ 利用身體的其他部位，例如：利用一隻手指或一隻腳做測量。利用從足跟到腳趾的長度，以步行測量房間的大小或測量從某件傢俱到另一件傢俱的距離是多少隻「腳」。

✿ 用布尺測量每一位參與者的手掌、腳掌或手指的長度，然後換算出
　先前你們所測量物品的真正長度。
✿ 除了使用肢體外，利用動作來測量空間。例如：從房間的一端到另
　一端要跳多少次？或從門到桌子要跳幾次？
　務必先讓參與者估計答案。

 在這個遊戲中學到了什麼？

　　兒童學習到一種測量東西的簡便方式，他們也可以了解測量的抽
象世界（如它的長度是十步），與真實具體經驗之間的聯結。

　　他們同時也可獲得猜測與估計的經驗。將估計引導進入活動中，
因為我們所有的人都希望知道自己是否正確或是希望知道我們距離正
確答案有多遠，才會在下次估計中答對。

蹦蹦跳跳的海灘球

團體
活動

　　這是了解團隊合作樂趣的一個生動又有趣的遊戲，只有當孩童在
一起合作時，他們才能控制球在床單上的運動。當孩童在不同的時間
急拉床單、而非與團隊一起合作時，球將會落下。我喜歡當兒童因為
理解這個道理而說出：「我們必須一起做這件事！」

材料

✿ 床單或較輕的毛毯
✿ 海灘球

遊戲進行步驟

　　將床單或較輕的毛毯展開，同時讓所有參與者握住邊緣而拉開它。將海灘球放在床單中間，然後讓所有兒童同時拉起床單並使球跳向空中。當球落回床單時大聲數出「1」，讓兒童再次拉起床單並在球落下時數出「2」。持續數算直到球落到床單之外為止，然後再重新開始。看看這個團隊是否能讓數出的數字愈來愈大。

有時你會發現，在某一次嘗試時，你甚至無法數到「5」，但在另一次則可數到超過 100 ！向每位參與者挑戰，看看他們是否能夠共同合作並持續進步。

你可能會發現：因為團體的年齡與敏感度，讓某一位參與者發號施令「1、2、3，拉」能協助團體的韻律維持在平穩且一致的狀態。

✈ 變化的形式

手邊沒有海灘球？試一下布質的洋娃娃、填充動物或小枕頭，任何在打到成員身上而不會疼痛的物品都可以，只要輕到可以給予良好的彈跳力。這些形式的替代球有一個好處，就是當它們落地時不會滾到其他地方去。

📯 在這個遊戲中學到了什麼？

除了團隊合作的社交技巧之外，這個遊戲提供孩子練習數算及學習每一次的彈跳代表一個數字。孩子可能會算到 10 或甚至 100，卻仍然不明白 4（舉例來說）代表 4 個分開的東西。這個遊戲提供他們了解數字真正意義的另一種方式，因為每一個數字代表球的彈跳次數。

PART · 4

增進肢體動作技能的遊戲

　　肢體動作技能是那些關於個體在物理環境中肢體動作的控制能力，包括平衡感、敏捷度、從容優雅性，以及如何行動與反應的知覺。某些個體是天生的運動員，即使沒有接受過正式的訓練仍具有優越的肢體技能。然而，不論從哪一個能力水準開始，我們所有人都可以藉著練習與多樣化的經驗增進我們的肢體動作技能。

　　具有優越肢體動作智能的兒童需要活動。他們喜愛觸摸物品，同時藉著操作而有最佳的學習成果。他們擅長於那些粗大與精細肢體動作的活動，例如運動、舞蹈、藝術、手工藝、戲劇、修理機械，以及運用電腦。

　　從出生開始，兒童需要學習關於自己的肢體，以及如何運用它們。我們可以利用具體的器材如氣球、短筒襪、毛毯、牙籤，以及我們自己，協助他們渡過這個歷程。

　　在這兒列出許多簡易的遊戲只需要你及孩子即可進行。其中多數的遊戲可由你及其他任何希望加入者參與。我們所有人都可以藉著學習運用自己的肢體而獲益。

聰明的玩 101 種增進智能的有趣遊戲

6 歲及 6 歲以下兒童的遊戲

一或兩人
參與

人體籃框

任何一名兒童在他最快樂的經驗清單中，排名前面的活動必定有「在後院與爸爸到處丟擲球」這項活動。然而，我們有不只一種玩球的方式。如果你的孩子並不適合在 NBA 聯盟中打球，嘗試這種玩球的方式。它可以與年紀較小的幼兒進行，也可以在下雨天的室內進行。

材料

⚙ 報紙

⚙ 「軟球」：例如豆袋或揉成一團的報紙（見 p.129 的軟球遊戲列出的不同型態的軟球）

遊戲進行步驟

將報紙放在地上作為罰球線，同時將你的手臂圈成環狀形成孩童投籃的大籃框。鼓勵他們從罰球線將球投進籃框中。繞著房間緩慢移動以確保他可以從所有角度投進球（這也可以提供他練習運用眼睛掃瞄全場的機會）。

當然，有時你可能會被這些「打到籃框」的球打到臉，但是沒有人說親職工作是可以免除職業災害的！為了降低危險，我鼓勵孩子在這個遊戲中由下而上輕輕地拋投。

如果投籃的是一名年輕且欠缺技巧的兒童，而人體籃框夠聰明且能快速移動到正確的位置讓球通過時，他仍可能會成功。

✈ 變化的形式 ⌒

如果你穿著長裙或較寬大的襯衫,將它拉到你的面前作為籃框。其他可能作為籃框的物品包括:籃子、垃圾桶、切掉一半的牛奶箱、切掉沒有把手那半邊的一加侖塑膠瓶,以及錐形交通路標。

🎺 在這個遊戲中學到了什麼? ⌒

對孩子來說,這是練習眼手協調的機會,而且它有另一個好處:在這個籃球遊戲中,投籃者與擔任籃框者皆可以扮演主動的角色。

快樂的跳躍

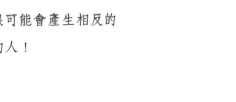

一或兩人參與

如果你希望很快地讓一個性情乖戾的兒童或有不良行為的兒童轉移注意力,試試這個遊戲。轉移注意力是處理心情不佳兒童或讓他有其他事做,且專注於他正在做的事之最佳良方。它比說「不」、「不可以」或「開心一點」更有效,特別是當這些字眼可能會產生相反的效果。一旦他開始跳躍,就很難不讓他成為快樂的人!

✏ 遊戲進行步驟 ⌒

給你的子女較友善的挑戰:「嘿,你可以一邊跳到空中同時轉身嗎?」

藉著跳躍而做出示範動作,並讓你的身體轉動半圈,所以你落地時會面對另一個方向。

「你可以跳 1/4 圈嗎?」(落地時面向側邊)

「轉一整圈如何?」(在落地時轉一整圈)

✈ 變化的形式

一旦孩子轉了一整圈,增加如下的難度:

「讓我們按照這種方式做。首先我們跳 1/4 圈,然後從這兒跳半圈,再轉一整圈。噹~噹!」

🎺 在這個遊戲中學到了什麼?

兒童們正在學習一種稱作動作計畫的技巧。他們必須在內心規劃出自己的肌肉如何完成此一要求的計畫。這種技巧與那些幫助他們理解如何以最佳的方式爬樹並安全爬下來的技巧相同。

一或兩人
參與

只有你和我和一個氣球

當你手邊僅有一個氣球與舒適的場地時,這裡有一些甜蜜的遊戲可與你的小寶貝一起進行。

🤖 材料

✿ 氣球

✏ 遊戲進行步驟

你和你的小寶貝一起坐在地板上,雙手背在身後以便你們可以抬起雙腿。用腳推或輕輕地踢這個氣球,讓它在你們之間來回運動。

接下來,你們兩人頭頂頭地躺下,將氣球從頭上傳給另一個人,之後用腳夾住球越過頭頂並傳球給另一個人。

✈ 變化的形式 〜

○ **氣球步行**：你們兩人跪下以便四目相接。用兩人的腹部夾住球，並
向側邊移動跨越整個房間而不致讓球落下。

嘗試其他讓球在你們之間移動的方法，例如：

☆ 一人用正面而另一人用背部夾球，將球帶到房間另一端。

☆ 繞圓圈運動。

☆ 將氣球置於不同的部位，例如在你們的臀部或頭部之間。

○ **用氣球按摩**：當你的孩子躺在地板上，將氣球滾過他的身體。運用
適當的力道使孩子能感受到氣球的存在，而這會使他發笑。

如果你的伙伴年紀在三歲以下，這是一個加強認識身體各部位名
稱適當的時機。（「氣球小姐正滾過你的胸部……現在她正向你的手
臂過去……她喜歡你這令人喜愛的身體」或任何你想到的字眼）

兩個人輪流進行並讓你的孩子將氣球滾過你的身體。

🎺 在這個遊戲中學到了什麼？ 〜

所有這些氣球遊戲的主題是讓孩子意識到自己的身體，不論他們
是利用自己的腳來傳遞氣球或是以兩人的臀部控制氣球，或是讓氣球
滾過他們的腹部，這個遊戲協助兒童注意到自己不同的身體器官，並
感受它們各自的運作。

搭乘飛毯

二或多人
參與

我第一次發現這個遊戲是在我與一位肌肉萎縮症的兒童一起活動
時。我必須找出能夠提高其肌肉正常狀態與平衡技巧的活動。

Smart PLAY

在這個學前班我放置了一條較輕便的毯子讓他坐在上面。當他坐定後，一位同學突然地（也許有一些淘氣地）開始拉動毯子。我也加入並拉動毯子。當這個孩子調適其軀體肌肉以保持坐直身子時，他所獲得的平衡技巧是相當完美的。

然後在過程中感受到樂趣的其他孩童希望可以加入。某些孩子希望坐在毯子上，其他孩子則希望拉動毯子，而第一個孩子亦置身其中。當他拉動毯子在室內滑行時，他正在強化他的肌肉。不論他坐在毯子上保持平衡或是拉動毯子用力拖的力量，這個活動讓我在一個遊戲中達成雙重的目標。

材料

✿ 毯子或堅固耐用的衣服

🖊 遊戲進行步驟 ⌒

讓你的孩子坐在毯子或堅固耐用的衣服上，而你拉著在地上行走。故意地讓毛毯抖動同時讓毯子滑向各個無法預期的方向，以使你的孩子有額外的機會練習平衡。他將會驚喜地尖叫並享受這額外的動作。

如果你與團體一起玩而許多孩童希望坐在毯子上，你可協助貢獻較多力量。身為拉毛毯的一員，你也可以控制活動的進行以確保速度不會太快而使兒童從毛毯摔落。

✈ 變化的形式 ⌒

紙箱也可運用在這個遊戲中。讓一位孩子坐在箱子中而其他孩子推或拉動箱子在地板上運動。

📯 在這個遊戲中學到了什麼？ ⌒

當孩子坐在毯子上時，他們正在學習持續地調整其軀體肌肉，以確保在毛毯抖動及推拉到不同方向時仍能坐在毛毯上。

當孩子使勁拉動毛毯時，他們將強化自己的肌肉，特別是手部與腿部的肌肉。

利用氣球打棒球

二或多人
參與

我不喜歡玩棒球。好吧！我討厭玩棒球。它是關於一個小而硬的球，以危險而相當快的速度朝我飛來，而我僅能用一根細細的木頭將它打出去，或者更糟的是接住它。我不喜歡事情發生得如此快速，所

Smart PLAY

以你可以了解為何在我聯盟中的棒球遊戲用氣球來取代棒球。這也對學步兒或將來可能喜愛棒球的初學者相當適合。

材料

✿ 捲起來的報紙、卡紙做的捲軸、膠帶、塑膠瓶或玩具球棒
✿ 氣球

遊戲進行步驟

用任何在手邊可製作成球棒的材料,如紙巾的捲軸或將過期報紙捲起以後用膠帶貼牢,或在家中尋找大小及形狀適當而適合作兒童球棒的物品。我特別喜歡那些盛裝清涼飲料的兩公升裝寶特瓶空瓶。

當然,你也可以使用玩具球棒。

將這個球棒交給孩子並將氣球丟向他。朝他漂浮過去的氣球因緩慢的移動而讓他有足夠的時間調整球棒、揮棒擊球,並獲得擊中球的滿足感。

然後,你或其他參與者在球緩慢落下時,就有充分的時間可以接到球。

在這個遊戲中學到了什麼?

這個遊戲是關於學習利用眼睛指引手部的運動。在這個例子中,運動的過程是慢動作的,所以孩童可以很輕易地運用其雙手。

如果你希望孩子學習到這一點,讓他先看著別處揮棒,之後再讓他看著球揮棒。這將有助於讓他理解:注視著自己正在進行中的事情是比較有效的。

投擲床單上的洞

至少——一件舊床單可以有萬聖節扮鬼服裝之外的用途。

 材料

✿ 剪刀

✿ 舊的床單

✿ 球

遊戲進行步驟

在床單的中央剪開一個洞再吊在如晾衣繩或樹枝上。

讓孩子站在床單的一邊而你站在另一邊。

指導他將球投過床單上的洞，然後你再投回去給他。

你可以在床單上剪出大小不同的洞，因此會有容易穿過的大洞以及比較困難的小洞。這樣做也可以增加遊戲的趣味性，因為另一邊的人不知道球會從哪一個洞飛過來。

變化的形式

✿ **以呼拉圈為目標：** 將呼拉圈吊起，再與參與者立於兩側相互傳球。
這個呼拉圈提供投球者一個比床單更大的投球視覺線索來投擲。

在這個遊戲中學到了什麼？

這個遊戲比一般的投擲或瞄準遊戲需要更精確的瞄準能力，因此孩童學到集中注意力並改善其眼手協調能力。如果你用剪了許多洞的床單來玩這個遊戲，因為參與者無法知道球會從哪個洞中出現，所以他的反射動作亦會增強。

Smart PLAY

兔子跳競賽

二或多人參與

盡可能跳得更遠似乎是許多兒童喜歡接受的挑戰。或許我們與生俱來的慾望便是像我們的動物朋友（特別是兔子）一樣的行動。

材料

✿ 膠帶（封箱用或水電用或彩色的膠帶）

✿ 紙

✿ 可選擇採用的材料：皮尺

遊戲進行步驟

貼一張紙在地板上做為孩童的起跳點。給你的參與者一項兔子的挑戰，要求他像兔子一般地跳躍並從起跳點開始儘可能跳遠一些。在他落地處貼上膠帶，然後要求他再試一次看他是否能在下一次跳得更遠（或許像一隻袋鼠一般）。讓他多嘗試幾次。

如果你希望加一些如何應用皮尺測量的有用課程，就測量每一次跳躍的距離。

變化的形式

除了從一個定點跳之外，讓你的孩子助跑後起跳。

在這個遊戲中學到了什麼？

孩子們正在經驗平衡與運用他們有力的腿部肌肉。多玩這個遊戲幾次讓這些肌肉愈來愈強壯。

吹倒骨牌

　　每位家長都知道如何將骨牌排成一列，使第一張骨牌倒下後撞倒第二張，再依次撞倒後面的骨牌，最後整列骨牌皆會倒下。在這變化的擊倒骨牌遊戲中，你可以教孩童如何排列骨牌並擊倒它們。

 材料

✿ 骨牌
✿ 舞會用喇叭或吸管

🔋 遊戲進行步驟

　　在兒童面前示範如何將骨牌排成側邊相鄰而非排成一列的方式。如果你的孩子年紀較小，就由五至六張骨牌開始並排給他們看。利用一根吸管或舞會用喇叭（這個玩具是你由一邊吹氣時，另一邊會飛出許多小紙片），每次一張地依次吹倒骨牌。

✈ 變化的形式

　　如果你的孩子年紀較大，教他們如何將骨牌排成傳統的直線方式。讓他瞄準第一張骨牌吹氣讓骨牌向後方倒下，同時觀看其他骨牌依次倒下的情景。

　　當你的孩子在這個遊戲中愈做愈好時，就可以使用更多張骨牌，並可嘗試將骨牌排列成不同的樣式。

🎺 在這個遊戲中學到了什麼？

　　雖然這個遊戲是關於吹倒骨牌，真正的學習重點則是排列骨牌。小手需要學習精細動作的控制以小心地將骨牌排列成側邊相接的方

Smart PLAY

式，才不會造成太快全倒的結果（精細的水準需提高到將骨牌排列成前後相接的方式）。

當孩童學習如何輕輕地吹以確定只吹倒一張骨牌時，吹倒的動作便加入了呼吸控制的元素。

泡泡袋上的跳躍

如果你買或收到以泡泡袋包裝的物品時，你的孩子就走運了。由椅子跳到泡泡袋上的遊戲非常吸引孩子，甚至非常害羞的兒童也會希望嘗試。

這個跳躍的遊戲會讓參與者愉悅，卻會讓你對噪音感到抓狂。務必記得這是暫時性的干擾——這些泡泡將很快洩完氣，與此同時，你的孩子則有一個練習運動技巧的有趣機會。

 材料

✧ 泡泡袋
✧ 椅子

遊戲進行步驟

將泡泡袋放在椅子或凳子前的地板上。讓孩子從椅子上跳到泡泡袋上並聽泡泡袋爆開的聲音。

他們將很快學到這需要一定的力道才可壓破這些泡泡。

🎺 **在這個遊戲中學到了什麼？**

孩童正在發展其腿部的力量與身體平衡感，如果有兩人以上參與時，也可學習到輪流進行遊戲的公平性。

泡綿釘錘遊戲

一或兩人參與

如果你手邊可取得泡綿塊——常用來作包裝材料的那種，而且你有一位小朋友、一把小釘錘，以及一些高爾夫球座或小釘子，你就掌握了提供給孩子有趣遊戲的元素。

泡綿提供了恰到好處的硬度讓釘子維持在直立的狀態，但是它也能對任何釘錘的敲打作立即的反應，所以初學者只要輕輕錘打再觀察結果即可。

 材料

❀ 泡綿塊，類似那些包裝用的材料
❀ 釘子或高爾夫球座
❀ 小釘錘或石頭

遊戲進行步驟

拿一塊泡綿並將釘子或高爾夫球座插在泡綿上並留有足夠的長度，將這些釘子間隔五至七公分排列。

給孩子一把小的木質玩具釘錘，或任何你認為他用得順手的釘錘。如果你沒有小釘錘，也可以使用石頭。

做給他看如何將釘子釘進泡綿中（如果他無法立即看出釘子在泡棉上的結果而未直接開始釘釘子）。

做給他看如何將釘入的釘子拔出，放在泡綿塊未釘過的位置上再釘一次。

變化的形式

你也可以將這些泡綿塊用在螺絲釘與螺絲起子上。

在這個遊戲中學到了什麼？

沒有一件事像在家中用釘錘釘東西更能體會眼手協調的概念了。為了更有效率，你必須注視著正在做的事情！

二或多人
參與

罕見的比賽

我發現如果希望兒童去做必須完成的事，好比「我們應該回家了，所以快上車」，我可以用不同的要求方式得到較佳的結果。「讓我們橫向滑行看看誰可以先到家」，或者「讓我們看看用腳跟可以多快的走上車」。

罕見的比賽可以讓孩童在做事時有更多樂趣的可能性。它是 Mary Poppins（編按：迪士尼經典名片「歡樂滿人間」中的保姆仙女）真正喜愛的遊戲。

🖌 遊戲進行步驟

　　下一次希望你的孩子或一群兒童走到某處時，可藉由向他們挑戰新型態的移動方式而獲得樂趣。

　　可能的移動型態有：

✿ 腳尖競走：只准以腳尖行走

✿ 腳跟競走：只准以腳跟行走

✿ 腳尖一腳尖，腳跟一腳跟，腳尖一腳尖，腳跟一腳跟：這兩者有節奏的變化

✿ 蹲下競賽：比賽誰先蹲下

✿ 腳掌外緣競賽：用腳掌外緣行走

✿ 腳掌內緣競賽：用腳掌內緣行走

✿ 後退競賽：倒退走或跑的競賽

✿ 側邊滑行：向側邊滑行，先由左腿滑行再收右腿，再次由左腿滑行後收右腿

✿ 奔馳競賽：向前奔跑競賽，但每次都先邁開左腿再收右腿

✿ 原地單腳跳競賽

✿ 用另一隻腳作原地單腳跳

✿ 單腳跳向前

✿ 向前跳躍

✿ 向後跳躍

✿ 最後是我最喜愛的方式：彼此手牽手一起跳躍向前……！

✈ 變化的形式

　　讓孩子創造屬於自己的「我們如何上車？」的競賽模式。

Smart PLAY

 ## 在這個遊戲中學到了什麼？

　　孩子們正在學習如何在例行公事中加入樂趣。這是一項對他們及他們子女有長遠利益的課程。想像一下，你今日玩的遊戲將會讓你的孫子也得到樂趣！

　　在肢體的層面，孩子在學習如何控制其身體以使自己用特定的方式移動。當他們將身體以不尋常的方式運動時，同時也在處理並強化其平衡感。

消失在米中

一或兩人
參與

　　這裡有一些安靜的遊戲可讓兒童獨處一段較長的時間，而這些遊戲與他人共同進行也相當有趣。當孩童以不同的方式玩米，他們將聚焦於觸覺、視覺與聽覺。

材料

☼ 一袋米
☼ 盒子或籃子
☼ 家中隨處可見的小件物品

遊戲進行步驟

　　將一袋米倒入盒子或籃子中，你用的米愈多，樂趣也將愈大。

　　蒐集成對的、家中常見的不同物品，例如湯匙、紙夾、籌碼、硬幣、鉛筆……等。

　　將每一對物品的其中一樣埋入米中。

　　將一件物品交給孩童，讓他感受這個物品並找出埋在米中的相同

物品。鼓勵他只用觸覺去找出它。如果很小的孩子想要做弊，用眼睛看也無妨。

　　依照孩子的年齡與技巧水準而埋入一種、幾種或全部的物品。

　　針對稍微年長的孩子，藏一堆寶藏在米中。告訴他你已藏了十（或其他任何數字）件物品，並請他把所有物品都找出來。（那些吸在冰箱外的磁性字母相當適合用在這個遊戲中。）

　　然後，讓你的孩子將物品藏匿起來讓你找。

✈ 變化的形式 〳

☼ **彩虹米**：如果你希望將這個遊戲做為全天課程的新奇計畫，讓孩童協助將米塗上不同的顏色，你可以有二種選擇：拿一碗白米倒入一些顏料，將米攪拌至均勻著色，再將這些米鋪在報紙上風乾即可。做幾種不同顏色的米備用。

　　或者，不用顏料而用食用色素（如果孩子們希望將彩色的米粒放入口中，這是較佳的選擇）

　　彩色米是令人著迷的。我還沒見過不想玩它的兒童。

☼ **米粒撥浪鼓**：你可以藉由將彩色米倒入二個透明容器中而製成樂器或嬰兒玩具。將這兩個容器以膠帶綁在一起，利用較強韌的膠帶如水管用膠帶將開口處黏在一起，結果便能完成一個搖動即發出美妙樂音的樂器。

　　我喜歡利用裝軟片的透明圓盒作為嬰兒手搖鈴的材料，因為大小正好適合，嬰兒在觀察米由其中一端到另一端時會非常高興。

　　對較年長的孩童來說，透明的塑膠杯相當合適。

☼ **沙中尋寶**：如果你有沙箱，試一下這種變化。在家中蒐集像橡皮、鈕扣、空線軸、軟片盒、裝飾用珠寶、筆，及其他類似可以藏在沙中的物品。

數算你蒐集物品的數量。讓孩子閉上眼睛以便你埋藏（10件）秘密的物品到沙箱中，而他需要找到所有的物品。

📯 在這個遊戲中學到了什麼？

兒童正在學習如何藉由手指來「聽」。這個遊戲需要他們內心非常平靜時才可聽到手指告訴他的事。任何時刻我們能協助孩童平靜且安靜的集中精神，我們也正是給他一份很棒的禮物。

正如我們所知，尋找某些物品需要專注。如果我們分心了，我們可以看相同的抽屜許多次卻看不到尋找的東西，直到後來在同樣的抽屜中發現它。讓孩童有尋找隱藏物品的成功機會可以提高其自信心及注意力，以及在某一時刻的聚焦能力。而且這大大的收穫是你讓某一人可以應用這個技巧協助你發現先前遺忘鑰匙的地方！

如果你曾進行變化的形式，即你埋藏了一定數量的物品而他全數找出時，他也同時獲得了數算的經驗。

用信封感受形狀

一或兩人參與

每樣東西都有它自己的形狀，它可由視覺或觸覺辨認出來。在這個遊戲中，孩童利用這兩種感官來確認出日常的物品。

🤖 材料

✿ 家中隨處可見的小件物品
✿ 信封
✿ 蠟筆

遊戲進行步驟

　　放一個扁平的、有紋路的物品（如梳子）到一個信封中。讓你的參與者隔著信封的紙試著猜出它是什麼物品。然後再看看他是否猜對了，假如他無法猜出，讓他使用摩擦信封的步驟。摩擦是藉由深色的蠟筆來回地在信封表面塗色，直到該物品形狀如變魔術般出現為止。幾乎所有具紋路的物品皆可以摩擦。（我甚至見過摩擦出魚的形狀！）

　　將不同的物品放到不同的信封中。

　　可以運用的方式如下：

✿ 可在家中找到的物品，例如紙夾、不同的硬幣（50 元、10 元、5元、1 元）、牙籤。

✿ 可在自然環境中找到的物品，例如樹葉或樹皮。

　　你可以討論物品的形狀。例如錢幣是圓形，梳子比較像長方形，某些樹葉像橢圓形。

變化的形式

✿ **秘密袋子**：利用衛生紙、手帕、短襪或任何像袋子且可藏匿隨手取得的物品如梳子、唇膏等，讓你的孩子從袋子外邊感覺這個袋子，同時看他是否能在不看的情況下猜出此物品。

　　當你在諸如機場、候診室等場合等待時，利用你所購買或口袋中的物品進行這個遊戲，也是一個消磨時間的好方法。

在這個遊戲中學到了什麼？

　　孩子們正在發展其觸覺。當他們還是嬰兒時，他們將每樣物品放入口中，因為他們的雙唇與舌頭是身體部位中最敏感的器官。其後他

們學習到可以利用指尖來獲取訊息而不用冒著味道不佳的風險。感受是一項學得的技能，而這個遊戲便是兒童可以提高敏感度的一種方法。

當孩子成長後，他們會愈來愈熟練於觸覺的感官。藉由感受 1 元與 5 元，或是牙籤與小棍棒的不同，或不同種類樹葉的差異，可以協助提升他們的敏感度。

摩擦出形狀的作法可以增加兒童對紋路的覺知。

適合所有年齡的遊戲

一或兩人
參與

用腳寫字

藉由這個簡單的遊戲可以協助發展孩子足部的敏捷度，以及眼睛與足部的協調性。它也可以讓參與者（包括你）有一個體驗先前可能從未做過事情的機會。

材料

☼ 鉛筆或蠟筆
☼ 紙

遊戲進行步驟

讓每位參與者將筆夾在腳的大姆趾與第二趾之間，再在紙上寫字。

 **變化的形式**

用你的腳作畫！

📯 在這個遊戲中學到了什麼？

因為這個遊戲需花費一些精力練習才能得到想要的結果，所以它促進了專注力與聚焦能力，同時也訓練足部依從眼部的指令而發展出眼睛與足部的協調性。

足跡遊戲

二或多人參與

這個遊戲需要一些準備工作。但是孩童開始進行準備工作時，他們便從那一刻開始投入遊戲中，這會在遊戲進行中增加他對事物範疇的理解。

🤖 材料

○ 紙
○ 蠟筆或不同顏色的麥克筆
○ 可選擇採用的材料：乾淨的自黏壁紙

✏️ 遊戲進行步驟

給每位孩子一張紙讓他們站在上面，讓他自己（或你，或是其他孩子）描出他一隻腳的腳形（或雙腳的腳形）。讓這些孩子做出許多的腳形，有時一張紙上

描兩隻腳形，有時描一隻腳形。

如果參與者提出要求，可以讓他在腳形內塗上顏色。你可以藉著建議他製作不一樣的腳形：圓點的腳、彩虹腳、條紋腳或任何觸動其想像力的方式來帶出某些樂趣。（如果你希望可重複利用這些腳形進行遊戲，可將它護貝或將它黏在紙板上。）

藉由將單腳或併排的腳形排成直線而安排遊戲內容。

參與者如何由一張足印移動到另一張上，將依照他面前是單腳或兩腳併排的排列方式，以及這些印有足印紙張間的空隙而定。

因此，如果第一張紙畫有兩隻腳印，參與者就需要用雙腳跳到這張紙上。如果下一張紙上僅有一隻腳印，則參與者可用左或右腳跳到這張紙上，視參與者跳動的腳而定（對年幼孩童不需要太挑剔於區分左右）。如果這些足印排的太密，它代表需要較小的步伐；如果它們相隔較遠，則鼓勵較遠的跳躍。

讓每一名參與者輪流為其他參與者設定遊戲內容與依循的新規則，如果必要，試試「在任何時間遇到彩虹足印時，你必須跳起在空中轉一圈後落地」。

✈ 變化的形式

描繪手印，有時單手，有時雙手，並將他們與足印排在一起。當參與者行進在這列直線上時，他們可能要跳到一張紙上，然後用單腳保持平衡，並伸展手臂將雙手放在面前的手印上。然後他們必須跳過這張手印到達下一張的雙腳足印上。

同樣地，孩童可以輪流安排紙張使他們能直接影響需要的動作。

除了使用分開的紙張外，你也可以製作系列的手及足印在一長條紙捲上。記得可多製作幾種不同的變化。

🎺 在這個遊戲中學到了什麼？

年幼的孩童學習如何在紙上描繪自己或其他人的腳，它需要在整個過程中專注並了解其目標。

在他們為足印上色時，他們可以練習眼手協調的作業以確保顏色不致跑到線外（或多或少仍會超出）。

所有孩童都可藉由為手印或足印著色的獨特機會而表達其創造力。

所有的孩童也都可以練習跳躍或單腳跳的技巧，而這牽涉到平衡與力量。

同時孩童也獲得遵循指令與運用符號的經驗；舉例來說，一張單腳的足印代表要用單腳跳到這張紙上。

較年長的孩童獲得為他人概念化與規劃遊戲內容的機會，納入考量的因素有其他孩子能單腳跳多遠，在一直線上能單腳跳幾次，如何將手印加入運動之中……。

躍動的球棒

二或多人
參與

有一次我在位於 Laos 的一間聾人學校舉行工作坊。我並不會說當地語言，學校老師也沒有人會說英語，所以無法將我的話翻譯成手語。然而，藉著將報紙捲起做成的簡易球棒，我們可以進行幾十種運用肢體語言而不需口語溝通的遊戲。我們從大家圍坐成一個圓圈開始。我將手中的球棒丟向空中再接住它。很快地每個人都做同樣的事，然後我再以不同的方式丟擲。每一個人都做我做的事。我的助教及某些兒童以不同的方式丟擲球棒，然後每個人就模仿他們。

Smart PLAY

我們利用這些球棒進行一個接著一個的遊戲而獲得愉快的午後時光。有時他們以非常興奮的情緒進行遊戲，而我創造出「大量運動的狂熱」這個詞語來形容它。

我們圍成一個圈進行最後的遊戲，成員依序輕柔地用嘴吹一根羽毛以平復每個人的情緒。

當我們要離開時，孩童們來到門外同時用手指作出一個我了解的動作，它代表「我愛你」。

下面是另一些用球棒進行的遊戲。

 材料

○ 報紙
○ 膠帶

遊戲進行步驟

　　將報紙捲起以形成球棒的形狀並用膠布固定。嘗試這些不同的、投擲棒子的方式並創造出其他方式。

✿ 將球棒垂直握住並由一隻手丟向另一隻手。

✿ 將球棒用左手投向空中並由右手接住它。

✿ 將球棒用右手投向空中並由左手接住它。

✿ 將球棒拋向空中並讓它轉半圈而接住另一端。

✿ 將球棒拋向空中並讓它轉一整圈再接住它。

✿ 將球棒丟在腳上並用腳向上踢再接住它。

✿ 將球棒丟在膝蓋上並用膝蓋向上頂再接住它。

✿ 將球棒橫握向上拋再接住它。

✿ 將球棒向上拋──愈拋愈高，看看能拋到最高且可以接住的高度是多少？

✿ 將球棒放在頭頂上並保持平衡，再低下頭讓它落下並接住它。

✿ 將手肘彎曲成 90 度，將球棒放在手肘上再伸直手臂。在球棒滾落手臂前接住它。

變化的形式

✿ **跳躍球棒**：將球棒依相同的間隔放在地上，好像它們是放在地板上的紙梯子。讓參與者從第一枝棒子前面開始跳過所有的棒子。

　當遊戲的新奇性開始消失時，改變球棒之間的距離讓孩童必須改變他們跳躍的距離。

✿ **瞄準球棒**：在一張紙上畫出目標圓圈並將它貼在牆上。或是在黑板上畫一個圓。

　讓參與者站在目標圓圈之前數公尺，用球棒當作魚叉瞄準目標，再將球棒丟向目標。

改變目標與參與者站立處之距離以提升或降低挑戰的困難度。

用不同的目標物進行遊戲。如果你在室外玩，目標可以是籬笆上的鋁罐或桌上的牛奶盒，或掛在樹枝上的呼拉圈。讓兒童自己構思他們的目標。

✿ **球棒的平衡**：讓參與者將球棒放在他們張開的手掌上保持平衡。球棒能保持直立多久？在走動時又可維持多久？

球棒可在一根手指上保持平衡嗎？一隻腳呢？膝蓋呢？手肘呢？

✿ **球棒的反射動作**：讓參與者用一隻手在胸前垂直握住球棒。然後將球棒放開，看看他能多快地用另一隻手接住。

或者讓一名參與者將球棒垂直握在另一名參與者眼睛的高度。數到3 之後讓球棒落下。另一名參與者能多快地接到球棒？

如果你願意，在球棒上面參與者每次接到的地方標出記號。嘗試幾次看看結果是否隨練習而增進？

讓參與者嘗試用不同的手並了解兩手之間是否有差異。

✿ **球棒與柔軟度**：參與者開始時將球棒水平握在身體前方，大約與胸部等高，然後將棒子高舉過頭，繞到背後及腿部，最後從胯下穿過再回到球棒開始的位置。

讓參與者多練習幾次以保持其柔軟度。

✿ **球棒平衡木漫步**：如果你已用報紙球棒玩過一些遊戲使這個球棒看起來相當破爛時，你可以將這些球棒首尾相接，再讓參與者步行其上而多進行一個遊戲。因為它不像一般堅韌的繩索，你可以將它排成任何你想要的角度，這將會鼓勵參與者注意自己的腳立於何處！

📯 在這個遊戲中學到了什麼？

每一個遊戲都有它獨特的肢體學習經驗：眼手協調、眼足協調、

力道強度、平衡、柔軟度，以及如何用一張捲起來的報紙獲得快樂的時光。

軟球遊戲

二或多人參與

　　有許多的方式可以進行球賽而不需要擔心堅硬的球以快節奏朝你飛來；你也有許多種友善的軟球可以玩。

　　我從來不會熱中像躲避球這樣的遊戲，在這樣的遊戲中，參與者必須躲開任何朝他身上丟過來的硬球。我曾感受過這樣的球吻，當時我想：「為何這樣是有趣的呢？」

　　我最喜歡的這種遊戲是不管參與者的年齡與技巧，所有參與者皆可以一起玩。每一位參與者皆專注於各自的丟球動作，而這成為主要的焦點，使大部分的參與者不致因為彼此競爭技巧而產生困擾。每一個人試著表現最佳的部分，這最好的部分仍會隨著練習而進步。

 材料

✿ **軟球：**可能是家中塑膠袋或報紙製作的，或是將豆子裝在襪子中，或者是商店中購置的海灘球、塑膠軟球、豆袋、頭巾或枕頭

遊戲進行步驟

　　做一個軟球，或者最好的方式是讓參與者做他們自己的球。

單腳站

- **報紙球**：將一或二張報紙揉成一團做成球的形狀，再用膠帶或布將它綁起來維持球的形狀。你用的報紙愈多，做成的球也會愈大。
- **塑膠袋球**：將一些塑膠袋裝入一個塑膠袋中再將它扭緊。然後用塑膠袋提把部分綁起來。（這並沒有什麼對或錯的方式，只需將它用任何牢固的方式綁起來並保持球的形狀即可。）
- **豆袋**：將一些乾的豆子放在短襪的趾尖部分再綁好即可。

如果你用的是商店購買的球，以下是可以考慮的部分：

- 海灘球對年幼的孩子來說最適合，因為它比較大，而且比小球更容易接住。
- 塑膠軟球是非常容易抓住的球。如果它上面還有一些懸弔的東西，孩子們就有更多可以抓住的部分。
- 豆袋是相當適合的，因為它的觸感良好而且永遠不會因為滾動而抓不住。
- 頭巾也可以用在丟擲的遊戲中，它從空中落下時非常緩慢，使接球者有較多的時間接住它。
- 枕頭、頭巾和拼布娃娃都是非常容易接住的物品，而且藉由它們也很容易學習如何利用單手接住球。

在每位參與者皆有一個球之後，提供下列的指令並讓參與者有足夠的時間練習這些動作。

- 將球向上拋但不要丟太高，再用兩隻手接住它。
- 將球愈拋愈高，再用兩隻手接住它。
- 將球向上拋並在接住它之前拍一次手，再來則拍二次手，最後則拍三次。
- 將球放在你的頭頂，低下頭並接住它。

✿ 單腳站立接球。

✿ 用你的慣用手單手將球向上拋並接住
　它。

✿ 將你的慣用手放在口袋或背在背後，
　以非慣用手接球。

✿ 將兩手合起作捧沙狀並讓球落在其
　中。

✿ 當球仍拋在空中時，舉起手抓住它。

✿ 將球放在雙手的手背上，向上拋起再
　接住它。

✿ 接球時閉起一隻眼睛。接球時將二隻
　眼睛都閉上！

✿ 將球向上拋後轉一圈再接住它。

✿ 躺下來並將球向上拋，然後站起身來接住它。

✿ 利用手背擊球，同時一邊步行一邊讓球維持在空中。

✿ 你能將球丟多遠？下一次你可以將球丟得更遠嗎？

用非慣用手接球　　　接球前先拍手

 在這個遊戲中學到了什麼？

　　這個遊戲提供了另一個練習眼手協調的機會。觀察一名非常年幼
的兒童第一次丟球時，可以發現他的眼睛注視之處與投擲之方向是不
同的。他還不明白是他的眼睛引導他的手，以及「注視你在做的事」
確實會產生不同的結果。學習眼手協調正是為日後像是寫字、將極微
小的物品鑲嵌成為複雜精細的鑲嵌工藝，或是在複雜的醬料中測知正
確組合成分等技巧的基礎。

Smart PLAY

做你自己的事

這有一個讓孩童利用動作展現創造性自我的機會。你可以為你的孩子創造出自己的方式來律動或運用以下介紹的方法。不管是哪一種方式，都會讓所有人感到有趣。

材料

✿ 一張紙或報紙

遊戲進行步驟

將一些紙片或報紙放置在地板上，開始時說明每一位參與者應依你指示的方式由一張紙移動到另一張紙上。你可依參與者的年齡與協調性來改變指令。第二次，則讓參與者發號施令。

以下是從簡單到困難的指令：

✿ 從一張紙走到另一張紙上。

✿ 用腳尖從一張紙走到另一張紙上。

✿ 跳躍行進，同時配合每次跳躍拍一次手。

✿ 將手放在臀部並橫向跳躍。

✿ 將手放在膝蓋並向後跳躍。

✿ 向前跳二次再向後跳一次。

✿ 閉起眼睛從一張紙跳到另一張紙上。

✿ 在跳起落地時，採用蹲踞的姿勢。

✿ 用單腳跳躍，同時輕拍頭與摩擦肚子。

✿ 每次跳躍時，在空中轉一整圈。

✿ 每次跳躍時，做出空手道的飛踢動作。

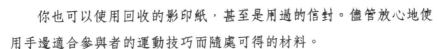 **在這個遊戲中學到了什麼？**

在進行「做你自己的事」時，孩子經驗到動作的變化，同時會運用其創意而創造出自己的動作想法。當他們彼此模仿動作時，他們必須注意到其他人是如何運動的（腿如何動作、手部的位置、臉部的表情），同時內心揣摩出如何模仿這一個動作。

跑、跳與迴旋

二或多人參與

這個遊戲在運用神奇的材料（報紙）方面，就像「做你自己的事」一樣。

你也可以使用回收的影印紙，甚至是用過的信封。儘管放心地使用手邊適合參與者的運動技巧而隨處可得的材料。

 材料

✿ 任何種類的紙張皆可

遊戲進行步驟

將一張紙放在地上並稱它為本壘。向所有參與者說明由本壘開始。再於本壘前方放置另一張紙。每位參與者皆由本壘開始，並跨越過這第二張紙。

持續加入紙張，一次增加一張，直到參與者必須用力跳躍才能跨過所有紙張為止。

這個遊戲的難度是逐步增加的。我發現孩子們愈來愈興奮，同時希望我一次將所有的紙都放下去，以便能立即跳躍過所有的紙張！但

是最好還是每次只放一張，這樣他們才能感受到盡全力跳躍與輕鬆跳躍的差別。

這裡有二種跳躍的方式：一種是讓參與者助跑後起跳，這代表你會將紙張放置在離本壘較遠處；另一種方式是讓參與者由定點起跳，這種方式是直接將紙張放置在本壘之前。

不妨二種方式都嘗試一下。

變化的形式

- **迴旋跑：** 將一些紙張在地上排成一列，紙張的間隔大約為三十公分。參與者從第一張紙起跑，在紙張之間迂迴前進有如迴旋滑雪一般。這個遊戲的目標是看看誰可以在不碰到紙張的情況下最快到達終點。

  其他的遊戲方式有：

  - 一邊在各紙張間迂迴前進，同時在空中拍球讓球維持在空中。
  - 在各紙張間踢報紙做的球迂迴前進。
  - 讓二名參與者共同前進，站在後方的參與者將手搭在前方參與者的腰際（對於不知道如何迂迴前進的參與者來說，讓他抓著正在這麼做的參與者是一個相當好的方式）。

- **火車的迴旋：** 讓幾名參與者排成一列以組成火車在紙張之間迂迴前進。擔任火車頭的參與者必須確定留下足夠的空間給其他參與者，特別是在車尾那節車廂，必須讓他能順利迴旋而不會碰到紙張。

在這個遊戲中學到了什麼？

在進行跳躍的遊戲時，兒童正在學習如何調整自己的力道。這一點對於那些不知如何「收回打出去拳頭」的兒童來說更形重要，因為有時他們會打得比想像中更用力。

　　在進行迴旋的遊戲時，兒童正在學習以內在思考的方式規劃其動作，使他們能夠持續在需要時改變自己的方向。物理與職能治療師稱這種能力為「動作規劃」，而那些總是會撞到其他人或事物的孩童需要學習這種技巧。

跳躍的樂趣

　　兒童喜歡跳躍。除了對抗地心引力以及成為空降人員所帶來立即的樂趣之外，還有一個技術方面的理由。當我們跳躍時，或更精確的說，當我們落地時，我們整體的本體感覺系統便受到刺激。既然這個系統是從我們關節與肌肉接收訊息後傳達到腦部，跳躍所傳達的訊息是「我們現在都在這兒！」當我在幼稚園晨間活動時間進行過跳躍活動後，孩子們會更機敏與專注。

　　這是一個關於跳過一條愈來愈高的繩索，然後再從愈來愈低的繩索下面走過去的遊戲。過去三十五年來我曾與世界各地的孩子進行這個遊戲，我一定玩過這個遊戲上千次了。這個遊戲總是能成功。

 ## 材料

✿ 繩索、絲帶或長圍巾
✿ 可選擇採用的材料：紙或膠帶

遊戲進行步驟

　　你可以與一名或一群兒童進行這個遊戲。

　　將繩索、絲帶或長圍巾固定在某個物體上，同時握住另一端。或者由兩個人分別握住兩端。

開始時將繩索放低。讓參與者每次一個人助跑後跳過這繩索（你可能希望利用一張紙標示出起跑區）。然後將繩索升高一些，再讓他們從同一起跑點重新做一次。持續將繩索升高，直到沒有任何人可以跳過去為止。

有時兒童們進行這個遊戲時會愈來愈興奮，想轉回來再跳一次卻可能撞上從正確方向跑來的參與者。除了告訴他們不要做什麼，讓他們知道規則，你可以告訴他們：當跳過繩索後，繞過握住繩索的人回到起跑點，或是在那兒等到所有人都跳過去（記住要讓握繩索的人有輪流的機會，或以這個握繩索的工作作為納入無法跳繩者的一種方式）。

當然，如果某位參與者看起來無法跳過繩索，便將高度降低一些。

在參與者儘可能跳過最高的高度後，讓他們從繩索下面走過去；如果他們願意，可以採用彎腰駝背的方式，直到所有參與者皆通過後再進行下一輪。從繩索最高的位置開始，接著持續地降下來，直到參與者必須採用腹部貼地的爬行姿勢以避免接觸到繩索為止。

有時用手勢傳達繩索是高溫燙人的樣子（發出滋滋……的聲音）會非常有趣，同時小心不要碰觸到它！孩童會喜歡這種沒有風險的危險。

✈ 變化的形式

✿ 利用兩條繩索讓參與者必須跳躍二次──每次跳過一條繩索。改變兩條繩索的高度，使參與者必須高高跳過一條繩索，卻輕鬆跳過另一條。或者是一條用跳的，另一條則從底下走過去。

✿ 將兩條繩索平舉但分開一些，使參與者必須要跳躍過一個較寬的區域，可稱這個區域為小溪。將兩條繩索再分開一些並稱之為河，而參與者必須要跳躍過去以避免落入河中成為落湯雞！希望嘗試跳過海洋嗎？或者放幾張紙在中間並稱它們為踏腳石，然後讓參與者從一塊石頭跳到另一塊石頭上，最後再跳過繩索。

✿ 運用三條繩索，同時讓你的創意引導你！

📯 在這個遊戲中學到了什麼？

孩童正在學習如何調整能量以達到目標；跳過較高的繩索比跳過較低的繩索需要更多的能量。

他們同時也在學習如何控制其能量。如果他們必須跳過一條繩索並爬過另一條，他們必須先學會停止其能量並將其轉換成適於下一個工作的要求。在醫療實務中，我們稱之為「動作控制」。

他們同時必須規劃自己的動作。如果他們要穿過一條比先前還低的繩索，他們必須組織其動作以便讓自己更貼近地面。這項動作的正式名稱為「動作規劃」。

不論他們是調整、控制或規劃，這個遊戲協助兒童學習到更多關於如何在空間中移動與控制身體，達成希望完成動作的能力。

二或多人
參與

室內的氣球遊戲

玩氣球可以是神奇的，就像在玩將空氣用色彩包裝起來一樣。帶一個氣球將使得每個人（不論大人或小孩）皆無可避免地興奮起來。這裡有一些玩氣球的不同方法。

 材料

○ 氣球

遊戲進行步驟

由傳統「參與者在氣球落地前，可以在空中拍擊幾下」的遊戲開始。任何人數的參與者皆可同時合作使球維持在空中。

每一次氣球接觸到地面時，就再一次從 1 開始。試試看你們能達到的最大數字是多少？

變化的形式

用不同的身體部位擊打氣球。例如只用你的頭、或手肘，或一根手指擊球。

將一條繩子綁在室內以進行排球比賽。繩索的長度依參與者的身高而決定。在繩索兩邊組兩支隊伍，再將球來回拍擊越過繩索。

讓遊戲規則保持彈性。如果較年幼的孩子由繩索下方打過去，或甚至抱球跑到另一邊，仍予以計分。唯一的規則是盡可能的保持樂趣！

在這個遊戲中學到了什麼？

孩子們學會眼手協調與團隊合作，同時每個人學到一起遊戲比看電視來的更有樂趣。

接力賽

團體
活動

一個快速的、簡單的接力賽可以由一張報紙或任何種類的紙張開始進行。

在接力賽中有一個原則：它從 A 點開始再到達 B 點，然後再回到 A 點。

從 A 點如何到達 B 點則由他們能掌握的事物決定。

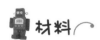 材料

✧ 紙張

遊戲進行步驟

放一張紙在地上並標示為 A 點（起始點），再放另一張標示為 B 點（目標）的紙張。

　　在這三隊中的每一隊都應有一套自己的標記，以便於所有的參與者在輪替時不用等太久。

　　A 點與 B 點之間的距離可視團體成員的技巧、體力或情緒而定。你可能希望他們跑較長的一段距離，以便在身體上準備好迎接下一段安靜的課程。你也可能希望讓這段距離短一些，以便讓他們能更專注於運動的品質而非速度或時間。這些都是好的。

　　這個遊戲可能會成為競賽，或者每一支隊伍可以在所有成員完成後得到分數——這分數可以是五十分到非常大的分數，而所有的參與者都是贏家。

　　以下是接力賽的可能選項，參與者也可以輪流決定屬於他們的有趣規則：

✿ 每一位參與者由 A 點跑到 B 點，用單腳繞著 B 點跳一圈，然後跑回 A 點用手去碰觸同隊的下一名隊員。

✿ 每一位參與者由 A 點倒退著走到 B 點，倒退著繞著 B 點跳一圈，然後跑回 A 點用手去碰觸同隊的下一名隊員。

✿ 每一位參與者由 A 點跳到 B 點，跳越過 B 點後，用單腳跳躍的方式回到 A 點並用手去碰觸同隊的下一名隊員。

✿ 每一位參與者由 A 點以百米衝刺的方式跑到 B 點，站在 B 點上說出自己的名字，然後走回 A 點用手去碰觸同隊的下一名隊員。

✿ 每一位參與者由 A 點以「熊式步行法」跑到 B 點（熊式步行法比較像是爬行，但是會將腿部向後伸展，並以四足方式前進），站在 B 點模仿熊用前腳碰觸鼻子，然後身體快速旋轉地回到 A 點，同時用手去碰觸同隊的下一名隊員，以及其他可能的方式！

　　如果你希望用接力棒，你可以用捲起的報紙輕易地製作一個接力棒。

🎺 在這個遊戲中學到了什麼？

以不同律動方式的運動擴展了孩子內在的動作字彙。孩子愈能夠
學習多種運動肢體的方式，他們就愈能覺察自我。

藉著記憶規則，孩子也能夠強化其記憶技巧：第一步是什麼？當
我站在那個方塊上會發生什麼事？我應該以哪種動作回來？這是練習
未來需要記憶事物序列的絕佳機會（「首先我要在商店停一下，然後
到銀行去，再來繳交企劃書，然後……」）。

扭動的蛇

二或多人
參與

如果你的小朋友年紀太小而不能跳繩或跳繩的小朋友正尋找新的
遊戲，試一下扭動的蛇。我總是發現它的挑戰性會慫恿兒童來參與。

🤖 材料

✿ 繩索

✏ 遊戲進行步驟

握住繩子的一端並讓另一端
懸垂在地板上。輕輕地搖動握住
的這端讓這繩索看起來像在扭
動。當你握著它到處移動時，
讓你的參與者嘗試看看能否踩
到這扭動的蛇並讓它停下來。讓
繩索快速或緩慢的由踩踏的腳底下
移開是由你所操控的；你可以決定

Smart PLAY

讓這個遊戲有恰到好處的難度，或是令人挫折甚至有愚蠢的感覺。你可以保持在開始是容易的，直到你與參與者都有感覺後再提升難度。

變化的形式

如果你有一個以上的參與者，讓每位參與者輪流控制繩索，每個人獨特的方式會影響這個遊戲。提醒控制繩索者必須保持繩索與地面接觸，因為沒有人可以在空中踩到繩索。

在這個遊戲中學到了什麼？

孩子們正在學習眼足協調與平衡。因為在繩索移動前僅有百萬之一秒踏上繩索，他們同時也在增進其反射動作的能力。

二或多人
參與

投擲短筒襪

我喜歡這個遊戲，因為它僅需兩秒鐘就可做成一個球。孩子可以利用這個球來遊戲或練習擊中目標的準確度。

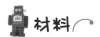

材料

❁ 三或四隻短筒或長筒襪

遊戲進行步驟

捲起數隻襪子並將它們塞入短筒或長筒襪的腳趾部分。參與者握住襪子的頂部，在頭上甩動這個球，再丟出去看它能飛多遠。

參與者可彼此丟球，或只丟球並測量其距離。

他們也可以瞄準目標並學習如何確實地控制這短襪！

在這個遊戲中學到了什麼?

在任何丟擲與瞄準的遊戲中,除了眼手協調外,他們也學習如何準確施力以達到更遠的距離。

命中目標的球

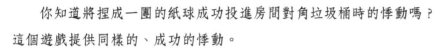

二或多人
參與

你知道將捏成一團的紙球成功投進房間對角垃圾桶時的悸動嗎?這個遊戲提供同樣的、成功的悸動。

當我最年幼的孩子在兩歲時,她拿著一個空的優格瓶與橡樹果實蹣跚地走向我,同時邀請我與她一起進行瞄準目標的遊戲。我知道這個與我志趣相投的小傢伙已經知道瞄準目標遊戲的樂趣了。

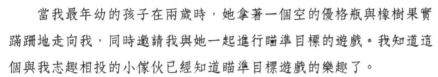 **材料**

✿ 紙或膠帶
✿ 家中常見的物品
✿ 容易投擲的物品如塑膠軟球、豆袋、胡桃、橡樹的果實或乒乓球

 遊戲進行步驟

將紙或膠帶貼在地上作為標示投擲區之用。參與者可坐或站在此標記之上。在距此標記的不同距離擺上不同的目標,將某些目標放在距標示區很近的距離,使參與者可很容易地命中,而其他目標則在一定距離外,需要一些功夫才可擊中。或者使用某些較寬、較顯著的目標,而其他目標則小一些。

如果有兩個或以上的參與者,多做一些標記以便他們想同時丟擲。

Smart **PLAY**

你可以將每一個目標標記出分數，但是讓這些分數幽默一些，以避免二或多個參與者可能過度的競爭，例如命中垃圾筒可以得到巨大的二分，而命中洗碗用的盆子則是超大的一分！

以下是一些建議的目標：

垃圾桶

洗碗用的盆子

水桶

盒子

咖啡罐

鞋子

倒置的椅子

繩索做成的圓圈

呼拉圈

 變化的形式

在戶外進行瞄準目標的遊戲時，可以用那些隨手可得的物品，例如內胎、腳踏車輪胎、花園中捲成圈的水管、交通標誌、地面上的小洞、大的岩石、電線桿……。

在這個遊戲中學到了什麼？

兒童學習到可以依照自己的想法，以眼手協調的方式控制球的運動方向。

他們同時也學習到瞄準目標的遊戲可由任何事物構成，而且當他們將捲起的紙球以灌籃的方式投進房間對角的垃圾桶時，也正是練習此一技巧的重要時刻。

抓緊／放鬆

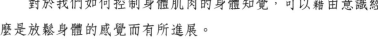

二或多人
參與

　　感受緊張與放鬆的差別並非如你想像一般的明顯。有時我們的肩膀會因為聽到一些訊息而不自覺地緊繃起來，直到有人指出才會意識到此種緊張狀態。

　　對於我們如何控制身體肌肉的身體知覺，可以藉由意識經驗到什麼是放鬆身體的感覺而有所進展。

遊戲進行步驟

　　對參與者說出下列的提示，或將它錄起來再放給參與者聽，以便你也能加入這個活動。

　　「躺在地上同時閉上眼睛，只要躺一下即可，你不需要做任何事或到任何地方，這對你是一個平靜的時刻。只需躺在那兒不需做任何事。」

　　暫停一下。

　　「現在我希望你將額頭皺成一團，就像你非常焦慮。讓你的前額有非常多的皺紋。皺緊它，再緊一些，更緊一些……現在放鬆，讓它就像水潑出去般的離開。」

　　暫停一下。

　　「現在皺起你整個臉，雙唇緊閉，臉頰內收，瞇起眼睛，皺緊前額。讓你的臉縮在一起，更縮在一起……，現在放鬆。讓它完全放鬆使你的臉頰感覺像要掉了一般，而你的眼皮也像要掉落，同時你的臉是完全的放鬆。」

　　暫停一下。

　　「現在將你的雙肩聳起到耳朵的高度，讓它們非常非常的緊張，將他們拉緊，再緊一些，更緊一些……現在讓它放鬆下來。完全地放

掉它們，並讓它們掉到地上以至於你完全無法控制它們，就讓它們躺在那兒，完全的放鬆。」

暫停一下。

「現在繃緊你的手臂，將能量由你的肩膀射出，向下到手臂，再由雙手出去，你的手臂如此僵硬以至於它不能觸碰到地板。將它們再拉緊，再緊一些，更緊一些……然後現在放鬆。將你的手臂完全地放鬆，所以它們完全貼在地板上，而且感覺它們會融化進入地板中，完全地放鬆。」

暫停一下。

「將你的胸與背繃緊，感覺就像你變成機器人，而你的背部與胸部愈來愈硬，再硬一些，更硬一些……現在放鬆，同時將身體貼在地板上，讓你的脊椎完全放鬆。」

暫停一下。

「現在將你的腿與腳縮緊——雙腿，雙腳，你的腳尖變硬了，更硬一些。讓你的腿與腳如此緊繃使得它們不再能接觸到地板，緊繃，再緊一些，更緊一些……現在讓這樣的緊繃狀態解除。讓這樣的緊繃狀態完全解除使你覺得雙腿與雙腳會融化進入地板中，完全地放鬆。」

「只要躺在那兒並感受放鬆的浪潮沖洗過你的身體，讓你覺得身體非常的沉重，幾乎要與你分離了。當你放空一切只剩下注視吸氣……呼氣……吸氣……呼氣……時，讓你的軀體完全地融化進入地板內。在接下來的一段時間裡，只需放空一切而注視自己的呼吸，並讓你的身體完全地放鬆。」

🎺 在這個遊戲中學到了什麼？

孩子們正在學習如何藉由區分出緊繃肌肉與放鬆肌肉之間的差

異。這種內在的意識將可協助他們知道何時正在感受壓力，同時也可以讓他們知道消除這種緊張的方法。

眼藥水瓶的藝術

當我和小朋友進行精細動作控制活動時，我常常在我的道具箱中放一個眼藥水瓶及一罐水。我發現要求孩童將小罐子放入水中並注滿水的指令將使孩童入迷。他們可以模仿我的示範、跟隨我的指令或自行發掘可行的方式，讓我感覺到他們認知能力的提升。

最近在一個大熱天，一個孩子和我發現可以將眼藥水罐注滿水後相互噴灑！享受它的樂趣吧！

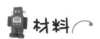 **材料**

✿ 眼藥水罐
✿ 廣告顏料或可溶於水的食用色素
✿ 紙

遊戲進行步驟

將眼藥水罐注滿廣告顏料或有顏色的水，試著進行以下的方式：

✿ 就在紙的正上方滴一些廣告顏料。然後持續地將眼藥水罐在不同的
  的高度滴一些廣告顏料，同時注意不同高度滴下來的結果。
✿ 在紙上滴幾滴不同顏色的廣告顏料，然後將紙對折。將紙打開觀察
  這對稱的圖樣設計。
✿ 在紙上滴下較大團的顏料，然後再用其他不同的顏色加以點綴。

✿ 在不同的表面滴下顏料,例如乾的紙、濕的紙、稍微潮濕的紙、蠟紙或鋁箔紙。它們的結果有何不同?

✿ 在紙上滴下一灘顏料,抓起紙張一角讓紙作不同程度的傾斜,然後觀察顏料的流動情況。

✈ 變化的形式

為物體著色時有無窮的可能性。試著用海綿、棉花球、粉撲、牙刷、鞋刷、紗布、軟木塞,或者直接將一團顏料滴在紙上,然後用吸管將它吹散!

除了在紙上作畫外,試著在粗麻布、木材、卡紙、購物袋或岩石上作畫。

📯 在這個遊戲中學到了什麼?

這是一個能夠鼓勵創意的精細動作與認知活動遊戲。兒童藉著運用其手指肌肉,學習到如何與何時擠壓眼藥水罐子,才可用它來裝滿顏料並作畫。

二或多人參與

牙籤雕塑

一盒葡萄乾及一把牙籤,便可以讓孩子玩樂一段時間,同時帶出他們的創意。在下一次飛行途中,帶一些葡萄乾及牙籤在塑膠袋中,或將葡萄乾放在廚房桌子上,一起進行雕塑活動。如果正好你的孩子希望將葡萄乾撒在桌上,再吃下它們,這也是值得的。葡萄乾提供了日常所需鐵質的來源。

🤖 材料

◇ 牙籤
◇ 葡萄乾

🔋 遊戲進行步驟

結合折斷或完整的牙籤與葡萄乾，以製作出動物、人物或建築物（見插圖）的骨架雕塑或模型。

✈ 變化的形式

你可利用軟的乾豌豆或是果汁軟糖來代替葡萄乾。

🎺 在這個遊戲中學到了什麼？

年幼的參與者有機會去練習他們手部小肌肉的協調性。

所有的參與者都獲得另一個發展其創意的機會。他們正在學習如何抓住構想並實行它。利用這些簡易的材料，從思考到具體實踐的時間有效地縮短了。

石頭彩繪

二或多人參與

我有一位住在澳洲的朋友珍（她在家中照顧其四個子女），教我這個利用水而非水彩在石頭上彩繪的、俏皮的小把戲。它會讓所有你

寫的字看起來像書法字跡一般。如果你不喜歡你的成果，你的「錯誤」風乾後也會消失不見，然而實際上，你以此方法畫出的所有成品看起來都非常棒。

 材料

☼ 水彩筆
☼ 水
☼ 深色、平坦的石頭

遊戲進行步驟

讓你的孩子用水彩筆沾水，並試著在石頭做不同的設計。讓他們運用自己的想像力來畫出任何他們想要表現的作品。

變化的形式

對年幼的孩子來說，這是一個練習寫出數字或文字的好方法。
較年長的孩子則可以輪流設計讓你或其他參與者模仿的作品。

在這個遊戲中學到了什麼？

這個活動可以讓手部的小肌肉與想像力的大肌肉活動。孩童可以感到自由自在的嘗試他們想要的設計方式，因為所有的設計都存在於當下，之後便會消失。它比紙張更使人自在。

運用變化的方式讓孩童書寫字母及數字，可以給他們一個嘗試寫字的安全空間。

運用讓孩童模仿其他人設計的形式，可以提供參與者注意細節與指令的機會。

彈硬幣

二或多人參與

你坐在餐館中等待他們上菜，在此同時你感覺到孩子們開始不耐煩了。你可運用彈硬幣這個令人著迷的、安靜的遊戲讓孩子在開始吵鬧之前阻止它。它是一個有著多種變化的遊戲，因此你可以持續地採用新的方式以維持孩子們的趣味性與投入，直到食物上桌！

或者你可以在家中用餐完畢後進行這個遊戲，餐盤已清理下桌，而你希望能延長並保持一家人團聚的時刻。

我也曾經成功的與退休老人的小團體進行過這個遊戲，似乎沒有人可以抗拒輕彈硬幣的機會。

 材料

☼ 十元硬幣

遊戲進行步驟

給所有參與者每人一個十元硬幣，同時做給他們看：如何用食指和拇指，或僅用食指或拇指輕彈硬幣的側邊，讓它沿著桌子滾動。參與者可以使用他認為最好的方式讓錢幣滾動，採用什麼方法並不重要。你可以介紹下列遊戲的方式，或是自行創造出讓他們嘗試的遊戲：

☼ 所有參與者輕彈其錢幣使它到桌子的中央，並試著讓錢幣彼此碰撞。

☼ 參與者彼此對坐並將錢幣朝對方錢幣輕彈過去使錢幣相互接觸。

☼ 取兩件物品（例如鹽與胡椒罐或是另外二個錢幣）放在離參與者錢幣不遠距離的地方當作球門柱。參與者要讓其錢幣穿過這兩件物品。不要讓這二個球門柱之間的距離太遠以提高它的挑戰性。

✿ 用吸管或湯匙柄當作曲棍球的球桿，將硬幣稱為「曲棍球」，再讓參與者彼此擊球。

✿ 將硬幣排列成一直線，並讓參與者試著用硬幣擊中這列直線上的硬幣使它脫離這條直線。

✿ 將硬幣間隔至少 2.5 公分地排列成一直線，再讓參與者輕彈自己的硬幣讓它穿越這些硬幣。讓第一個間隔最大，再依次縮減其間隔。

✿ 將錢幣以側邊立起，稍推動它並觀察它的滾動。看它能滾多遠而不倒下。

✿ 嘗試用二手同時各自滾動一個硬幣。

✈ 變化的形式

　　除了錢幣之外，也可以將餐巾或報紙的一部分捲成球的形狀使用。寶特瓶蓋亦是相當合適的代替品。

🎺 在這個遊戲中學到了什麼？

　　在這個遊戲中，運用到手部的小肌肉，同時也能察覺如何釋放這些肌肉的能量，以產生希望的結果。

PART 5

增進人際技能的遊戲

　　人際技巧是與他人互動、了解其他人、解釋他人的行為，同時與他人自在相處的能力。身為社會性動物的一員，我們傾向在與他人建立關係並具備相關社交技巧中成長與茁壯。具有優秀人際技巧的兒童會主動尋求他人的陪伴，同時也能輕易的解讀其他人的肢體語言、面部表情、說話的聲調，並據此做出適當的回應。

　　在這一部分的遊戲是讓你及孩子與其他人共同遊戲的方式。兒童需要簡易、沒有壓力、忘卻時間的方式與他們的社會性自我結合。這裡的團體遊戲是合作性的，其社會性活動是激勵每一個人的，具有共同的目標，或是大家同步行動。所有這些遊戲都讓兒童了解參與社交中的歡樂。

6 歲及 6 歲以下兒童的遊戲

二或多人
參與

誰在箱子中？

一個大型紙箱來到你的生活中。也許你的新電腦裝在裡面，或者是一台大型印表機。你是否會丟棄它？保留所有的物品！如果你有一個正在爬行、學步或是學前兒童，正是玩「誰在箱子中？」的時機。

 材料

✿ 一個大型紙箱

遊戲進行步驟

將這個箱子正面朝上，使它的前蓋打開時如同法式大門一般。讓你的寶貝進入箱中並蓋上前蓋。

之後你輕敲前蓋並說：「誰在箱子中？」

在這個時候，他將會推開前蓋並展示他的咯咯笑臉，而你當然會用驚訝的語氣說：「啊！原來是〈兒童的名字〉！」

如果你的參與者希望再次躲入箱子中如法炮製一次——再一次——又一次……時，你也不必太過驚訝。

變化的形式

這個遊戲的變化形式可在學校中進行。對例行的晨間遊戲團體來說，它可是趣味非凡的遊戲。

　　將箱子放在教室前面。請參與者們低頭並閉上眼睛，或是背向紙箱。然後，當他們閉上眼睛或轉身時，選出一個孩子進入箱中並關上前蓋。

　　告訴參與遊戲的兒童，他們可以張開眼睛看看四周，是否注意到有誰消失了，然後猜猜誰在箱子中。

　　對於同時要學習速度與節奏者，我讓他們在說出猜測的名字前先唱出以下的詞：

　　「敲一敲，敲一敲，誰在箱子中？

　　原來是＿＿＿＿＿＿」

　　然後我們在箱中孩子現身時一起鼓掌叫好。

Smart PLAY

📯 在這個遊戲中學到了什麼？

這個遊戲是永遠受歡迎的「小丑嚇人箱」的真實加大版。正如你在所有兒童發展書中所發現的，這一類型的遊戲是兒童學習物體恆存概念的方式。

一名嬰兒會在媽媽下車到附近走動時驚慌，但媽媽開門下車時並不清楚這件事。當嬰兒開始形成這種概念時，他們就比較容易留置於托育中心，或在你工作時留在家中。他們知道你仍存在於某處，而他們會再次見到你。

已經過了不安時期的孩子仍喜歡鑽入箱子中，在自己的小天地中，他們不需向任何人說話！

在學校這個環境中，孩童正在擴展社會覺察並使它超越自我，以便注意到當天一起上課的同學以及缺席的同學。

他們也能感受到當他們從箱子彈出來的那一刻，每個人都會真心喝采的那份悸動。

一或兩人
參與

丟擲石頭

如果你喜歡與孩子一同散步，當偏離大路並坐在小徑邊時，你將會喜愛「丟擲石頭」這個遊戲。這個投擲的遊戲將會提供與他人互動的愉悅經驗。

我曾有一天與一位四歲大的唐氏症兒童玩這個遊戲。為了接受可能未擊中目標的打擊（我的目標也不是那麼的大），我開始以相同的熱情說「打到了！」與「沒打到！」我發現他很快便開始模仿我的語調，同時我也注意到不管我們打中與否，我們都可以同樣地哈哈大笑。

材料

✿ 小的鵝卵石

遊戲進行步驟

　　蒐集一些小的鵝卵石，然後輪流丟向附近的一顆岩石。如果你不在小徑那也沒關係，這個遊戲也可在城市中將小石子投向路燈柱、籬笆、警戒崗哨，甚至一面牆。

　　為了讓這個遊戲更公平，力量較弱或欠缺準頭的投擲者（如果這個人是你，也不必感到難過），可以離目標近一點。挑選不同的目標瞄準或是閉上眼睛，看你能擊中多少個。

🎺 在這個遊戲中學到了什麼？

　　某些孩子自己選擇獨自一人，某些孩子則是他們沒有太多與他人一起玩的經驗而傾向自己一個人玩。身為忙碌的家長，我們仍可藉著與孩子一同散步並進行像投擲石頭這種友善的遊戲，協助孩子發現與他人一起遊戲的樂趣。

籌碼的遊戲

一或兩人參與

　　將東西放入另一件物品中是嬰兒認為的歡樂時光。他們喜愛將每件東西拿出來，例如玩具箱中「所有的」玩具，而在其後的發展中，他們喜歡將每種東西放回去（無論如何，我們希望是如此）。

　　這個遊戲滿足孩子清空物品的慾望，同時加入額外的挑戰是將物品放回去，而它讓遊戲更有趣。

　　這個活動令人驚奇的地方是：雖然這對學步兒有其意義，我發現它對十歲大的孩子有某種程度的吸引力，我認為這是因為滿足於他們將東西清理乾淨並完成它的緣故。或許它也能滿足當我們找不到東西所需要的控制感。

🤖 材料

✿ 有蓋子的乾淨塑膠容器

✿ 籌碼

遊戲進行步驟

　　找一個空的、盛裝優格、乳酪或相同型態物品的有蓋容器，並在蓋子頂端切一個比籌碼稍大的孔。

　　將十個左右的籌碼放入容器中，並將蓋子蓋回。讓參與者搖晃容器並聽一聽容器發出的有趣聲響。

　　稍後協助孩子取下容器蓋子，並發現藏在裡面的寶藏！在他有時間探索（包括試探、丟擲與向上拋起）籌碼後，示範給他看如何將籌碼由蓋子上的孔洞放回容器中。這是他日後將錢幣存到撲滿中所需要的技巧。

🎺 在這個遊戲中學到了什麼？

　　在認知層面，孩子正在學習關於「物體恆存」的概念，即他能了解看不到的物體不會消失不見，而是仍然存在於某處。在籌碼消失於孔洞後，將蓋子移開又會重新看見它們。這個遊戲是一個非常好的教材。

　　兒童同時學習到如何操控物品以進入特定的場所。如果你轉動容器，使孔洞有時對兒童是垂直的，有時是水平的，他便可學習到如何操控手腕，以便讓籌碼能符合孔洞的位置。

人體三明治

團體
活動

　　這個遊戲保證可以帶來呵呵的歡笑聲。它是關於把參與者當作餡料製作三明治的遊戲。其他參與者則假裝要「吃掉」這美味的三明治。嗯，好吃！好吃！

✏ 遊戲進行步驟

　　讓參與者圍成一圈站立。告訴參與者你將要做一個三明治，同時挑選一位參與者站在圓圈中央扮演麵包。然後開始發問：「我們還需

Smart PLAY

要在這個三明治中放什麼？」如果在開始時，參與者無法意會這個想法，可以提供一些建議：「讓我們加一些乳酪。」然後挑一名參與者當作乳酪，並引導他直接站在假扮麵包的參與者身前。繼續加入餡料，例如火腿、醃漬食品、番茄、萵苣……，在加完餡料後再加入另一片麵包。每一次都引導孩子站在前一個餡料的身前。你可以成為挑選孩童扮演每一種餡料的人，但是你會發現他們都興奮地跳上跳下，希望扮演下一個餡料。你也可能會像我一樣，發現孩子叫出通常不會用作三明治餡料的名稱，例如白米。儘管加一些白米在三明治中！

在三明治完成後，每個人都要假裝吃掉它，張大嘴巴並發出咀嚼的聲音（這將能帶來咯咯的笑聲）。然後重新開始做一個新的三明治！

🎺 在這個遊戲中學到了什麼？

孩子們正經驗到與他人一同遊戲的有趣方式。玩假扮遊戲是一項重要的技巧，每位成員皆玩假扮遊戲，能夠增強成為團體一份子的感覺。

當然，這也是關於如何做出好吃三明治的烹飪課程！

相同的內心

二或多人參與

一名新同學進入幼稚園就讀而他的母親非常焦慮。她的四歲大兒子不能說話、無法聽到聲音、也不能走路，但他有感情，而他的母親擔心孩子會發現自己太怪異而無法被他人了解及交朋友。她請求特教老師與我協助找出將孩子引入團體的方式。

我們舉行一場人偶戲。我們的人偶很簡單——只是將快樂兒童的笑臉貼在冰棒棍上，但其中一個笑臉放在紙作的輪椅中。人偶孩子在

戲中腳本上問了不同的問題。最後他們了解：雖然奈森的外表與他們
看起來不同也做許多不一樣的事，但在內心則與大家相同。

 材料

✿ 簡單製作的人偶

遊戲進行步驟

　　讓孩子用容易取得的材料做一個代表自己的簡單人偶。例如將臉
貼在冰棒棍上，或是在工作用手套的手指上畫上人臉。

　　如果你希望製作一個肢體障礙的人偶，可做合適的加工：為盲童
加上太陽眼鏡，為聾童在耳朵上加一粒小扣子，為坐輪椅者做一個紙
輪椅……。

　　你可以創作一場關於兒童玩遊戲的戲劇，就像「鴨子、鴨子、
鵝」，然後大聲問孩子們有障礙的人偶為何不參與。讓他們問障礙人
偶問題。

　　以下是我們曾用過的例子：

　　一個人偶說：你為何不站起來
跑步？

　　奈森人偶說（由奈森來操
縱）：因為我的腿不夠強壯。

　　另一個人偶說：為何你坐在椅
子上？

　　奈森人偶說：因為它有輪子，才會
讓我比較容易到處移動。

　　第三個人偶說：你能說話嗎？

奈森人偶說：我還不能說話，但是我能告訴你我的感受。看著我。對我說：「嗨！」

（全體人員說「嗨！」同時我們將人偶臉的正面向每位成員展示，讓他們看到完整的微笑。）

人偶朋友說：你喜歡遊戲嗎？

奈森人偶說：噢，是的，就像你一樣。

人偶朋友說：你喜歡玩具嗎？

奈森人偶說：噢，是的，就像你一樣。

人偶朋友說：你喜歡自己的媽媽嗎？

奈森人偶說：噢，是的，就像你一樣。

然後我們開口唱下面這首反映戲劇主題的歌曲（採用 Beverly Hillbillies 這首歌的曲調）：

我們雖然在外表上有所不同，但內心卻是相同的。

我們有些人瘦巴巴，

但有些人卻胖嘟嘟；

我們有些人長得高，

但有些人卻很矮小，

然而就像我們都知道的，

我們都穿著不同的外衣。

我們只是在外表上有所不同，

我們有相同的內心。

有些時候我們是高興的，

而在某些時候則會哭泣；

有時候我們覺得愚蠢，

某些時候我們會氣炸。

而這些都是因為我們有相同的內心。

我們在外表上有所不同，但卻有相同的結果。

我們都喜歡自己的母親，

同時我們也都喜歡自己的朋友；

我們都喜歡這些海洋、樹木以及沙灘，

而這一切都是因為我們有相同的內心。

我們雖然在外表上有所不同，但內心卻是相同的。

在外表上有一些小小的不同，但有相同的內心。

我們的心都是相同的，

但這不是我們隱藏起來的，

然而這是正常的，我們都有相同的內心。

🎺 在這個遊戲中學到了什麼？

接受歧異性似乎是這個世紀的挑戰。為了延續和平與愛，我們應如同當下地持續接納自我與每一個人。特殊需求兒童常常提供其他孩童第一次遇見與自己不同兒童的機會，然後他們很快發現彼此有許多相似之處；他們喜歡遊戲、他們愛笑、他們也喜歡有趣的事。我們希望兒童能學習到我們只是外表不同，這不是很有趣嗎？我們有相同的內心，這不是很棒的事嗎？

蓮葉遊戲

這是一個有許多可能的變化形式，及讓孩子有許多互動機會的、類似「大風吹」的有趣、沒有輸家的遊戲版本。

團體
活動

Smart PLAY

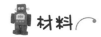 **材料**

○ 報紙

遊戲進行步驟

將報紙放置在地上以便每位參與者都有自己的位置。向團體成員說明地上這些並不是真的報紙,而是蓮花的葉子。參與者則是青蛙而非小朋友(當然是青蛙,不然會是什麼?)。讓每隻青蛙站在一片蓮葉上,同時你播放一首曲子或唱一首歌。當音樂開始時,青蛙們必須像真的青蛙般在蓮葉之間跳來跳去直到音樂停止,此時青蛙們會瘋狂地爭相占據任何蓮葉。你當然需要拿走一片葉子,但在這個遊戲中,占不到葉子的青蛙不會出局。他必須與另一隻青蛙共享一片蓮葉。當音樂或你的歌聲再次響起時,你可以提議不同的運動方式讓他們照做——單腳跳、倒退走、跳躍……。當愈來愈多的蓮葉被你拿走,剩下的葉子將會非常擁擠,為了使每一位參與者都能站在葉子上,規則是

每一隻青蛙的身體某部分必須接觸到蓮葉。

🛩 變化的形式

　　除了蓮葉之外，你也可以照舊進行大風吹的遊戲，但是要修改規則使它成為沒有輸家的遊戲版本：移開椅子而非參與者。遊戲如一般移走椅子的玩法，但是沒有人會出局。在遊戲最後，會有一大堆人擠在一把椅子上（你可以在開始時先提醒參與者，在結束時將會有一群人擠在一起，如果有人不想被推擠可以先退出）。

📯 在這個遊戲中學到了什麼？

　　這個遊戲鼓勵身體上的親近，這是讓孩童感到彼此親近的一種方式。大多數人喜愛肢體接觸，但在團體的情境下並不經常安排此種情況發生。年幼的男孩比較會藉由與同儕玩摔角遊戲滿足此一需求；女孩們則常相互擁抱。

　　在這個蓮葉遊戲中，兒童獲得肢體親近與彼此互相幫助的機會。這個遊戲的成功要件是共同合作，使每位參與者都留在最後一片蓮葉上，使所有的人皆是贏家。

6 歲及 6 歲以上兒童的遊戲

踩尾巴

　　這個高能量的遊戲非常適合在生日聚會後燃燒掉身體吃進去的醣類熱量。在教室中，它是進行安靜坐下工作的準備活動。

團體
遊戲

 材料

☼ 剪刀
☼ 一團毛線

遊戲進行步驟

為每位參與者剪一段毛線，其長度大約是綁在腰際時，能夠懸垂到地板上。

這個遊戲的目標是讓所有的參與者彼此追逐，並嘗試踩住其他人懸垂在腰際的那條毛線，因為這條毛線垂在地上了。參與者盡其所能地踩到最多人的「尾巴」，同時得保護好自己的「尾巴」。

參與者同時也可以彼此合作，共同追逐特定的對象，並相互支援，保護彼此不受他人的攻擊。

沒有人會在這個遊戲中「出局」，即使參與者的尾巴被踩住並取下，他仍然可以追逐其他人。然而，只有那位獲得最多毛線者，才能被稱為「踩住最多尾巴者」。便用這個頭銜時應該要避免在心理上產生贏家與輸家的評價。

（如果有孩子穿著裙子，先將毛線圍在腰際綁好，再將毛線穿過綁住的部分讓它懸垂在身後。）

變化的形式

☼ 除了毛線，你也可以使用皺紋紙或緞帶。
☼ 參與者可採用手抓毛線（或是皺紋紙、緞帶）的方式取代用腳踩。

在這個遊戲中學到了什麼？

在社會性的層面，當孩子尋找誰損失尾巴而誰又保有尾巴可做踩踏的對象時，孩子正在學習觀察其他人。當孩子相互合作時，他們便

有與他人聯合並負有彼此警戒責任的意識。

孩子也正在學習增進其機敏性及眼手協調的能力，正如眼手協調一般，眼足協調讓孩子知道眼睛可以指引自己走向何處。穿越重重障礙的孩子仍需運用到其意識能力。

這個遊戲藉由意識到四面八方發生的事情而增強了空間意識。孩子們不僅要聚焦於踩踏其他人的尾巴，他們同時也必須意識到有誰朝他們走來及由哪個方向接近自己的「尾巴」。

推我／拉你

團體
活動

我已注意到這是一個與女性說話的遊戲。這是一個你會用盡所有力量對抗另一人的遊戲，我們女性並不常有機會這麼做。我們舉起重物、我們搬運沉重的箱子、我們抱起孩子，但是，除非我們參加女子防身術課程，我們不常有機會進行一對一的對抗。當然，我們喜歡以較友善的方式進行，而這也正是這個遊戲真正的內涵。

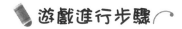

遊戲進行步驟

讓參與者彼此選擇大致有相同體型的參與者為伙伴，讓他們彼此肩並著肩站立。

然後要求他們彼此利用肩膀相互推擠，試著讓另外那個人橫向移動。

先讓對手移動者，即使只是極微小的移動，便是遊戲的贏家。

手對手

✈ 變化的形式 ⌒

　　既然我們都有不同的長處,每次我都喜歡繼續以不同的身體部位對抗。讓每一對伙伴嘗試所有的對抗方式。他們可能會發現自己手臂的力量較弱,但臀部較強!

　　同時也嘗試將不同體型者配對。有時個子矮小者可能比大個子更厲害。

✿ **手對手**:伙伴彼此面對面站立,將手向前平伸並使手掌相互接觸。他們同時向前推,並嘗試將對方推向後方。

✿ **背對背**:伙伴彼此背靠著背,並將手臂相互勾住,他們同時嘗試拉著伙伴向前走。

背對背

✿ **臀部對著臀部互推**:伙伴彼此背靠著背站立,同時彎下腰使下半身相互貼近。二人同時間向後退以便將對方推動。

臀對臀互拉

✿ **臀部對著臀部互拉**:姿勢同前一個動作,除了彎腰後要將手臂由兩腿間向後穿過,同時握住伙伴的手。

✿ **手肘相連**:伙伴彼此將手肘相接觸並向前推,看看誰可以將對方先推動。

✿ **髖關節對髖關節**:伙伴們上半身分開而用髖關節彼此接觸,同時用下半身的力量相互推擠。試試看,身體兩側的那一邊比較有力量。

髖關節對髖關節

☼ **平衡的挑戰**：進行上述各種對抗時僅用單腳站立。

 ## 在這個遊戲中學到了什麼？

　　雖然有一些肌肉的測試與強化在持續進行，當個體用盡他所有力量對抗另一人時，即使只是暫時的現象，人際的聯結即已建立。這是因為他們二人有強烈的依存時光，他們二人於同一時間處在相同的生理與心理狀態，這正是許多男孩子在肢體打鬥後，被看到彼此勾肩搭背走在一起的原因。

適合所有年齡的遊戲

鞋子山

團體
遊戲

　　當孩子感到無聊卻精力旺盛，這是一個能馬上贏取所有年齡層孩子的心的方法。你十二歲孩子在進行這個遊戲時的興奮程度與你二歲孩子完全相同。

 ## 材料

☼ 許多雙鞋子

 ## 遊戲進行步驟

　　將你所有能找到的鞋子堆在房間中一處較大的空間。告訴參與者這不是鞋堆（讓他們不要想到這裡！），它實際上是一座高山。他們必須從遠處跑向高山，然後用盡全力跳起並越過山頂到另一邊去。

Smart **PLAY**

如果其他參與者在下一個跳躍者準備起跑時,加上一些用手拍擊地面、桌子或膝蓋而製作之「鼓點」(drum roll),就更有氣氛了。當參與者跳在半空中時喊出他的名字,並在他著地時給予掌聲。

✈ 變化的形式

在跑道的盡頭握住一個用報紙捲起來的紙捲,以便讓參與者必須在助跑後,彎身通過這個報紙捲。這可以增強他們的技巧,因為他們必須調整動作來因應這瞬間的變化。改變這紙捲的高度,讓參與者必須調整不同的力道。先告訴他們你要如此做:「這一次我要讓它更低一些!」

除了用報紙捲之外,你還可以使用由二位參與者握住較長的物品來替代。這或許可讓那些害羞或身體有障礙卻又想參與這個遊戲的家長或孩子來負責。

📯 在這個遊戲中學到了什麼?

在情感層面,當孩子們參與這個遊戲時,會感覺自己是團體中的一份子。在「鼓點」的過程中,當參與者開始起跑時,即受到大家的注意。當他們跳到半空中聽到為勝利而呼喊出自己的名字時,更能產生一些悸動,其後又接受到為其成功而來的喝采。有什麼比這個更棒的呢?

在社會層面,他們正在學習輪流這件事:如果等待便可以輪到自己。無法二個人同時跳躍;如果參與者從相反方向起跳,他們很快會學習到二件物品無法同時存在於一個空間中!

在肢體層面,孩童學習到需要用多少能量或「精力」才能跳起來。他們學會預測在跑道的哪一點上應該「起飛」。觀察不同年紀的孩

子進行這個遊戲時，你會發現這是需要練習的技巧。你可能會看到年幼的孩子在練習跳得更高的技巧時，會從鞋堆旁邊而非頂端跳過去。

生命就像是足球

一或兩人參與

　　千萬別低估踢石頭的樂趣。許多時候，我與女兒藉著踢石頭讓漫長的步行縮短了距離。石頭落地時最接近它的人，便是下一個將它踢向前踢的人。

 ## 材料

✿ 只要是可用腳踢的物品即可

遊戲進行步驟

　　當你在寬廣、行人稀少的人行道或公園散步時，可以進行這個遊戲。如果沒有可用的石頭，那兒總是有你可以踢的東西——掉落的橡樹果實、脫離樹枝的松果，甚至是捏成一團的香煙外包裝都可以。

　　看看每位參與者能夠將石頭踢得多遠。

　　嘗試用右腳及左腳踢，並注意哪一隻腳踢得比較好。

　　挑選前面一個較顯著的目標，例如樹木或燈柱，看看參與者能否瞄準並命中此目標。

變化的形式

　　這個遊戲的變化可在家中利用較軟的物體，例如揉成一團並用膠帶綁起來的報紙（見 p. 129 的軟球遊戲），練習將這個球在兩人之間來回的踢。

Smart PLAY

🎺 在這個遊戲中學到了什麼？

有一種人際技巧稱為「共有的注意力」。在發展上，兒童會從平行遊戲（指兒童們在一起，各玩各的，不太有互動）的層次，進步到參與同一件事情的層次。

一起踢石頭的方式強化了此一技巧，同時也強化了團隊合作。參與者分享了共同的目標並輪流完成它。

這個遊戲也助長了眼足之協調能力。

二或多人參與

隨意塗鴉

塗鴉是有趣的一件事，它可以在你手中有紙筆時，將內心的創意浮出表面而化作一張小圖畫。

或許在某一天用畢晚餐並將餐具清洗完成後，你們全家人可以進行隨意塗鴉的遊戲。這個遊戲最有趣的部分即是塗鴉的過程。

🤖 材料

✿ 紙或索引卡
✿ 筆

✏️ 遊戲進行步驟

發給每位成員一些紙或索引卡片，然後讓他們隨意畫出他想畫的任何東西。亂塗亂畫是可以的，抽象的設計、線條人物畫或任何塗鴉都是可以的。如果你希望能更精緻一些，可以使用不同顏色的筆。然

後，所有的參與者都將他自己的塗鴉複製到第二張紙上。如果參與者人數較少，讓所有參與者製作更多的複本。

當這些塗鴉的畫製作完成後，將它們取出正面朝下地放在桌子上，然後便可進行記憶遊戲。

第一位參與者將第一張畫翻開來，然後再翻第二張畫。如果翻開的兩張畫相同，他可將這兩張畫取回；如果不一樣，他便將這兩張畫翻回正面朝下的位置。

下一位參與者依同樣的方式進行遊戲。當遊戲持續進行時，參與者開始記憶各個不同的畫擺放的位置，因而可以找到相同的畫。

找到最多畫的參與者可以將畫展示出來，以進行下一輪的遊戲。

非常年幼的孩童可以與父母親或年紀較大的同儕組隊進行遊戲。

✈ 變化的形式

這個遊戲也可以當作你與孩子之間簡單的配對遊戲。開始時由六張畫進行並將它們排放在桌子上；給孩子六張相同的畫片並讓他將複本蓋在相同的畫上。

🎺 在這個遊戲中學到了什麼？

這一個簡單的遊戲只需要將材料放在一起即可，它提醒我們人與人之間的聯結能夠帶來滿足與愉悅感。

在這個遊戲中，孩子正在學習注意自己創作塗鴉畫中的細節，同時運用其精細動作技巧以刻意地複製它。

他們同時也獲得訓練其記憶力的機會。

合作「釘尾巴」

團體
活動

這個遊戲比較像是舊式的「在驢子身上釘尾巴」，只是它讓參與者試著完成一幅人像。此外，與原始版本不同的是，參與者不需要蒙著眼睛在其他人的哈哈笑聲中，因為無法確知方位而在房間內亂繞。相反的，參與者可以從朋友那兒獲得一些協助。

材料

○ 蠟筆或麥克筆
○ 一大張紙（海報紙、海報板或防水紙）
○ 膠帶
○ 蒙眼布

遊戲進行步驟

在一張全開紙上描繪出孩童的身體輪廓。將此輪廓以膠帶貼在牆上。

輪流讓每位參與者蒙上眼，再給他一枝筆。他的工作是依其他參與者的指令，在輪廓上加上諸如眼睛、耳朵、頭髮、項鍊、鞋子或任何的身體器官。其他參與者的工作則是藉著說出如「更靠右一點」、「高一點」或「你就要找到了」（你可以事先設定線索字）等指示，協助蒙眼者在正確位置上畫出器官。下一位參與者再蒙上眼睛，並在圖畫紙上加入另一個器官，繼續此

遊戲直到每位參與者都有機會加入一種器官。

當參與者故意指引蒙眼者將眼睛加在膝蓋上，將鼻子畫在脖子上時不必驚訝。兒童會有一些可笑的事情，但在結束時的笑聲並非針對某一個人，而是由大家所共享的。

 ### 變化的形式

這個遊戲的可能變化，就是參與者的想像力。

在這個遊戲中學到了什麼？

朝向共有的目標計畫努力，是孩童學習合作的方式。在這個團體遊戲中，兒童透過傾聽、遵循指令與給予指令，獲得正向結果的經驗。

每次進一步的投擲

二或多人
參與

我喜歡接球遊戲的這種變化形式，因為孩子從成功開始，並能維持在我稱之為「成功區域」之中。這個遊戲的難易程度純粹由結果判定。

材料

✿「軟球」，例如豆袋或揉成一團的報紙（參見 p.129 軟球遊戲以取得更多訊息）

遊戲進行步驟

開始時兩位參與者彼此站得很近，讓他們來回傳「軟球」。每一

次成功的傳接球後，兩位參與者便向後退一步，以擴大二人之間的距離。如果其中一人失誤，則兩人同時向前跨一步，依此規則進行下去。

變化的形式

兩位同伴的傳球方式有許多種，試試下列方式：

✿ 將球由下向上拋傳給對方。

✿ 將手高舉過頭地由上而下傳球。

✿ 二位參與者轉身背對彼此，再彎腰從胯下彼此傳球或將球滾向對方。（這是一種可以讓帶氧血液流向頭部的方式！）

較年長的孩子可以嘗試以不同的方式傳二顆球：

✿ 一人由下向上拋傳，另一人同時由上向下傳球。

✿ 一人由下向上拋傳，另一人由上向下傳球，但是第二個人必須等到信號出現時再傳球。

✿ 一人同時傳二顆球，而另一人則同時以其左右手各接一個球。

在這個遊戲中學到了什麼？

兒童學習調整一項行動策略，以同時包括成功與挑戰這兩項元素。他們學習到一種由簡易及成就感開始的活動，然後增加足夠卻又不令人沮喪的難度，以磨練其技巧。「每次進一步」的遊戲讓參與者與友伴共同獲得具體練習前述技巧的機會。

兒童在此練習眼手協調的技能，同時學習預測一個球向自己飛來的軌道之技巧，以便了解如何將手擺在定位並接住這顆球。即使是年長的孩子，也需要練習才能在同一時間內接住兩顆球。

報紙做的寬邊帽

二或多人
參與

　　如果你有一些報紙及一捲膠帶，你可以製作簡易的寬邊帽。我曾與柬埔寨孤兒院中的孤兒、蒙特梭利幼兒園中反應較快的兒童、印地安保留區的成人、密克羅尼西亞大學及許多其他地區的成人玩過這個遊戲，我發現它可跨越所有的文化，同時能讓所有的人都高興。

　　一個啟蒙班級在其復活節期間製作這種帽子，然後在校園中到處炫耀他們的復活節寬邊帽。

 材料

○ 報紙

○ 膠帶（一般膠帶或封箱膠帶）

○ 可選擇採用的材料：裝飾物如顏料、圓形小金屬片、羽毛、膠水

遊戲進行步驟

　　將一張報紙打開放在孩子的頭頂上。將膠帶在報紙上對著額頭的部位繞著腦袋綁一圈，以便將報紙固定在頭上。

　　在額頭部位、膠帶下方將報紙突出部分捏起來，你可將報紙捏成不同方式而製造出不同的外觀。如果你將它捲起來，你會有一個圓頂窄邊禮帽的樣子；如果向兩邊折，就可得到像海盜帽子的效果。用不同的方式實驗看看（見插圖）。

Smart PLAY

✈ 變化的形式

不要在這裡就結束。參與者可藉由顏料、圓形小金屬片、羽毛、彩色紙片、紗線或任何可用於裝飾的物品做出獨特的禮帽。

🎺 在這個遊戲中學到了什麼？

任何讓禮帽在他頭上做出來的參與者都是在學習：如果他們能安靜的坐著而不蠕動身體，就會有驚奇的事發生。（這不正是他們應該知道的事嗎！）

那些幫其他參與者貼報紙並捏向兩邊的兒童，正在運用他手指精細動作的控制能力與力道。

那些裝飾禮帽的參與者則是在磨練自己的創造力。

二或多人參與

跟我一起這樣做

我曾與一些小朋友進行這個遊戲，並讓他們跟著我做相同的動作。曾經在一間托兒所的戶外教學時，孩子們到處亂跑而我們希望他們能夠回學校去。我們便開始玩「跟我這樣做」的遊戲，然後亂成一團的小朋友不見了，取而代之的是一整隊如同行軍邁步並擺動手臂的孩子一路走回學校。

我也曾與較大的青少年進行過這個遊戲，他們很快就創造出一個有趣的舞步讓大家模仿。

✏ 遊戲進行步驟

一位參與者輪流走到排成一列的、其他參與者的前面，做他想做的任何動作。舉例來說，這位領導者可像鴨子或大象一樣走路，或做

出新創的動作，好比將手放在臀部向後滑行。在列隊中的每個人都要模仿這個動作。

觀察一個人如何選擇做的動作（而這動作多半代表其人格），是一件有趣的事。一名參與者可能會優雅的滑向側邊，而另一人則可能喜愛突然的向前跳兩步。

我發現在和較年幼兒童（1~4 歲）進行遊戲時，讓較年長者當領導者較佳，因為年幼者有時無法立即想到做什麼動作，以致讓遊戲中斷。讓遊戲能量持續進行，使得樂趣永不停歇。

✈ 變化的形式

讓兒童肩並著肩而非前後站立，使得感覺上更像是交響樂團而非行軍隊伍。

在沙灘進行這個遊戲時，每一個腳步都會在沙灘上留下足跡。參與者嘗試跟上領導者的足跡。領導者可躍起、單腳跳或跨一大步，而其他參與者則「讀出」這些足跡並跟隨它！

📯 在這個遊戲中學到了什麼？

在每個人都做相同的事情時，便會產生一體及幸福的感覺。當參與者和他人共同以韻律的方式進行遊戲，便能減低疏離感並強化一體的感覺。

做一種動作並讓其他人也一起做的方式，能觸動他們內心的悸動。模仿也是一種讚美的形式。

兒童也在學習觀察其他人表現的動作，然後找出正確肌肉表現出相同動作的肢體技巧。

Smart PLAY

球棒方塊節奏

這個遊戲是我在紐西蘭與一群毛利人進行球棒遊戲時學到的。用報紙捲起的球棒讓他們想到一個用棍子進行的、關於吟唱與節奏的遊戲。

自從那次之後，我就會在許多工作坊中介紹這個遊戲，鼓勵與會人員創作出他們自己的版本。這個遊戲的變化形式是無窮盡的，所以我樂見所有參與者的可能發明。

 ## 材料

✿ 報紙
✿ 膠帶

遊戲進行步驟

遊戲需要四個人；他們坐在正方形的四個角上，兩兩相對。每位參與者皆將棒子垂直握在手中。

在數到一個大家同意的數字時，每位參與者將手中的棒子丟給另一位參與者。舉例來說，每個人共同數 1-2-3-4，在數到 4 時，每位參與者將他的棒子丟給右邊的參與者。參與者們重複這個模式多次，然後改變為另一個模式。

舉例來說，參與者可以改變模式成為數到 3 的時候將棒子丟給對面的參與者。這有無窮的可能性，例如：

✿ 參與者可用吟唱或不同的聲音代表丟棒子的時機。
✿ 參與者將棒子在地上敲以代表選擇的數字。
✿ 參與者依發出的不同聲音將棒子丟向左、丟向對面或改變丟擲的方向。

✿ 參與者在丟出棒子時，讓它在空中旋轉。

✿ 參與者以站或蹲取代坐在地上進行此遊戲。

✿ 參與者輕敲其他參與者的棒子而非丟擲。

✿ 在棒子上掛上鈴鐺，以便在丟擲時發出叮噹的響聲。

📯 在這個遊戲中學到了什麼？

　　與小團體進行遊戲並創造出新模式後，再與其他人分享此一創新模式的成果，是非常棒的感覺。

　　吟唱與節奏並不是音樂才有的技巧，它們同時也會影響書寫與演說的流暢性。

哼唱曲調

二或多人參與

　　不論我認為自己多麼具有耐心，沒有一件事比等在車陣中或在混亂交通中以龜速前進更考驗著我。我發現有個可以保持平靜，並讓孩子與我皆能心情愉悅的方法，便是進行這個快捷的猜謎遊戲。

🎀 遊戲進行步驟

　　輪流哼唱一首曲調讓其他人試著猜出這是哪一首曲子。參與者可以視需要哼唱得短一些或長一些。在答對了之後，所有的人可以沿路一直唱這首歌，或至少唱出他們仍記得的部分。

✈ 變化的形式

✿ **說出其中的片段**：可說出這首歌的第一句歌詞，或某些片段來代替哼唱曲調。

Smart PLAY

○ **在空中寫字：**每位參與者輪流用棍子或手指在空中寫一個數字，其他成員必須猜出這是什麼數字。寫字者可以面向團體，如果他可以朝後方寫字的話，也可以背對團體。寫二位數或三位數的數字，可以增加遊戲的挑戰性。

○ **在水中畫畫：**在水中寫數字或字母，或寫出一個字。

在這個遊戲中學到了什麼？

這個遊戲需要參與者在聽或看其他參與者動作時的專注能力。當我們隨時能夠集中自己的注意力時，我們便在讓自己有更好的能力保持在學習發生的當下。

這個遊戲也教導參與者知道自己可以選擇如何去感受。在這個例子中，我們可以選擇受環境的干擾或選擇遊戲。這是我們自己的選擇。

這是誰？

團體活動

這是一個在任何時間，一群彼此熟識的小朋友聚在一起時可以玩的遊戲。我已在幼稚園進行過許多次，也常常驚訝孩子與老師能夠如此深入地認識彼此。

材料

○ 蒙眼布

 遊戲進行步驟

為第一名參與者套上蒙眼布。

當這名參與者眼睛被遮起來後，團體開始唱出：

「這是誰？這是誰？你能告訴我們這是誰嗎？」

（我用過去＜ Campbell ＞湯品廣告歌的曲調唱這首歌，如果你年紀不夠老或不知道這條歌，可自行創作曲調或只唸出其中的歌詞。）

當孩子們開始唱，我由團體中選出一位參與者站在蒙眼者的身前。

蒙眼者伸出手並觸摸站在身前的參與者，感受他的頭髮，臉上的輪廓，以及他的衣服，然後再猜出這是誰。

如果蒙眼者在辨識上有困難（或者你不習慣觸摸等動作），讓這名參與者說一些話，同時在遊戲中加入一些語音辨認。（對較年長的參與者，這名參與者可以改變其聲音以提高難度。）

一旦此人被辨認出來，這名參與者即成為下一個蒙眼者，同時團體在你選擇新的成員作辨認對象時，再重唱那首歌。

🎺 在這個遊戲中學到了什麼？

參與者會開始意識到他人的細節，例如頭髮的長度。他們同時也發展其觸覺或聽覺感官思考的能力。這個遊戲能激發他們注意其他人細節的能力，而非僅依賴視覺理解這個世界。

聰明的玩 101 種增進智能的有趣遊戲

遊戲索引 Index

　　這個索引的設計是方便你依照手邊能夠取得的材料而選擇進行的遊戲。

可回收的材料，包括鋁罐、報紙、塑膠袋、冰棒棍等。

Smart **PLAY**

家中常見的材料，是那些可以在家中或學校發現的物品。它們包括絲線、繩索、毛毯，以及豆子。

紙張，包括相關的材料有模型紙或普通的白紙，以及蠟筆與麥克筆。

不需要材料的遊戲，並不需要利用你微笑之外的任何器材或準備。

國家圖書館出版品預行編目（CIP）資料

聰明的玩：101 種增進智能的有趣遊戲 / Barbara Sher 著；吳道愉譯.
-- 初版. -- 臺北市：心理, 2008.04
面；　公分. --（幼兒教育系列；51114）
譯自：Smart play: 101 fun, easy games that enhance intelligence

ISBN 978-986-191-140-3（平裝）

1. 兒童遊戲　2.親子遊戲　3.親子關係

523.13　　　　　　　　　　　　　　　　　　　97006061

幼兒教育系列 51114

聰明的玩：101 種增進智能的有趣遊戲

作　　者：Barbara Sher
譯　　者：吳道愉
執 行 編 輯：陳文玲
總 編 輯：林敬堯
發 行 人：洪有義
出 版 者：心理出版社股份有限公司
地　　址：231 新北市新店區光明街 288 號 7 樓
電　　話：(02)29150566
傳　　真：(02)29152928
郵撥帳號：19293172　心理出版社股份有限公司
網　　址：http://www.psy.com.tw
電子信箱：psychoco@ms15.hinet.net
駐美代表：Lisa Wu（lisawu99@optonline.net）
排 版 者：葳豐企業有限公司
印 刷 者：正恒實業有限公司
初版一刷：2008 年 4 月
初版四刷：2016 年 5 月
I S B N：978-986-191-140-3
定　　價：新台幣 200 元